贅沢の法則

消費ユートピアの透視図

田村正紀　著

東京　白桃書房　神田

はしがき

贅沢ほど人間の心を根源的に捉えてきた欲求はない。それは人間の文明化とともに芽生えた。情報化の行き届いた現在では、さらに贅沢ドリームが膨らみ続けている。その実現は、必需品充足を達成できた社会で、ほとんどの人の消費生活上のユートピア（理想郷）になっている。もっと洗練化された製品やサービスによって、生活をもっと快適にしよう。この生活美学の追究が贅沢欲求の中核にある。

消費ユートピアは時代により、また場所によりその姿を変えてきた。その動きの主局面は、誰が贅沢をするのか、何が贅沢品になるのか、それを使う目的や動機は何かなどである。これらの各様式やそれらの組み合わせが贅沢パターンを作る。贅沢パターンはその社会の常識、慣行、慣習、価値観など、広く制度と呼ばれるものを反映している。制度とは、社会的・文化的に定められている仕組みや決まりである。だから贅沢パターンはかなりの期間にわたり繰り返される定型的な贅沢行動様式になる。

制度は国によりまた時代によりきわめて多様である。だから贅沢パターンも多くの国や長い歴史時間にわたって多様に拡がっている。各国ごとにその歴史を通じてこの多様性を追求しようとすれば、膨大な著述が必要になる。たとえそれができたとしても、多忙な現代人の多くにとって、それを読破する時間はないだろう。多様な贅沢パターンをコンパクトに縮約し、贅沢世界をパノラマ的に一望するにはどうすれば良いだろうか。この問題を解決するため、本書は時空間にわたり繰り返し現れる基本パターンを贅沢の法則として捉え、それを主軸として具体的な歴史事例や地域事情を傍証として配置することにした。

われわれは現在の日常生活で多様な贅沢パターンを見聞きまた体験している。それらから見ると、現在の贅沢世界は森である。自然のままの森を散策すれば、長い歴史時間を短時間で通り抜けることができる。信州などの森で見上げれば、数百年も経て高くそびえる杉、トチ、ブナの巨木がある。大小の倒木が横たわり、足下を見れば先にまだドングリを付けた芽出し直後のブナの幼木がある。それらの間に種々な樹齢を持つ木々が生息している。

現在の贅沢世界は森よりもはるかに長い歴史の産物である。王侯・貴族が支配した伝統社会に端を発し、その後も現代にいたるまで長期持続的に繰り返されてきたパターンもあれば、大衆消費社会が実現した現代になって、新たに登場してきたパターンもある。その間に種々な歴史時間を持つパターンが共存している。多様な歴史を持つ贅沢パターンの混在、これが現在の贅沢世界の姿である。「現在」とは、過去から未来への時間の流れの中で、人が「今」と意識している時間域である。

この姿の見通しをよくするため、贅沢パターンを古典法則、近代法則、現代法則として識別しよう。古典法則は伝統社会で生まれ、近代法則は経済成長への離陸期に生まれ、そして現代法則は大衆消費社会が実現した以降に誕生した贅沢法則である。ここでいう「現代」は歴史上の時代区分のひとつである。たとえば日本の歴史では第二次世界大戦後を現代というが、本書では大衆消費社会以降を指している。

生誕時期により持続時間は異なるけれども、いずれの贅沢法則も現在の贅沢世界で一定の条件が揃えば、繰り返し種々な場所で現れる贅沢パターンである。法則と呼ぶ理由はここにある。それは個人行動としてミクロ的に観察できる場合もあれば、個人を集計した集団の動きとしてマクロ的に現れる場合もある。いずれにせよ、贅沢パターンを3種に区分する狙いは、時間軸上でのいわば遠近法により、贅沢世界の透視図をつくり、全体像を浮かびあがらせるためである。

贅沢の法則は消費ユートピアがどのように動いているかを要約している。したがって贅沢について関心を持つ多くの分野の人々にとってはその知識の整理の一助となろう。とくに本書では、贅沢の法則を語るにさいして、多くのコンセプトを提案している。従来、贅沢研究がそれほど進展してこなかった一因は、贅沢を語る用語の貧困にある。エスキモー語に雪を語る言葉が多くあり、日本語に魚を語る言葉が、成長につれて呼び名が変わるブリの例にみるごとく多くあるように、贅沢を深く理解するにはその多様な姿を捉える多くの用語がいる。

本書はまたマーケターなど産業界の人たちにも役立つことを期待している。とくに戦略策定の前提として消費市場の未来に関心を持つ人たちである。贅沢に焦点を置いて見れば、未来市場が見えてくる。贅沢願望は消費者のもっとも強い欲望であり、グローバルにも急速に拡大している。この願望を満たす贅沢市場の規模はグローバルに見ると、すでに日本の小売販売額を超え、しかもその成長年率は90年代以降6％である。[*1] さらに贅沢願望は、まるでブラックホールのように、衣食住遊にまたがる多様な消費分野を次々に呑み込み贅沢世界を拡大している。贅沢願望は消費市場の未来を形成するさいの中心的な推進力であるといえよう。

贅沢に焦点を当てて消費市場の未来を考えるには、贅沢の法則についての知識が不可欠になる。そのさい、とくに贅沢の法則の性格に注意することが必要であろう。贅沢の法則は、一定の条件の下で必ずどこでも現れる、つまり必然的で普遍的な関連パターンではない。それは出現する傾向が高くなるという確率的な関連であり、またその蓋然性《がいぜんせい》も時代や地域によって変化していく。未来に関していえば、贅沢の法則はいわば仮説の体系である。法則の働きを阻害する条件が現れると、贅沢の法則の一部は適用範囲を制限されたり、修正されたり、あるいは廃棄されたりするだろう。

しかし、贅沢の法則は消費市場の未来予見に活用できる重要な知識である。未来はつねに創成の過程にある。何が起こるかは完全には予見できない不確実な世界である。未来は新しく発生する諸条件と過去の出会いの場であるからだ。この出会いで、過去の傾向は部分的な修正や廃棄を伴いながら、新しい流れに合流するかもしれない。未来はつねに過去を背負って生まれていく。未来変化を感知するには、過去パターンが変化を感知する基準になる。未来変化はつねに過去パターンからの逸脱として現れるからである。贅沢の法則を未来予見にさいしての仮説として持ち、次々に発生する諸条件に照らして仮説の妥当性を検証していけば、贅沢世界の発展方向を見失うことはないであろう。未来シナリオを描くさい、決定的に重要なことは方向感覚を見失わないことである。本書がその一助となれば幸いである。

最後に、出版事情のきわめて厳しい中、テキストのような明確な市場を持たない本書の出版を快く引き受けていただき、本書を読みやすくする点で種々な編集の労を執っていただいた白桃書房の大矢栄一郎社長に感謝を申し上げたい。

2017年7月25日

田村　正紀

目次

はしがき　i

第1章　贅沢とは何か―揺れ動くファジィな多様体―……1

1-1　贅沢は多様体である　4

贅沢の全体像　4

各局面との対比で見た贅沢　7

揺れ動く贅沢像　10

1-2　贅沢属性が贅沢品をファジイにする　13

贅沢品のカテゴリー　13

贅沢属性とは何か　14

贅沢属性を生み出すコード　16

1-3　贅沢品の家族類似性も贅沢品をファジイにする　22

贅沢品の必要条件と十分条件　22
贅沢品の家族類似性　26
1-4 必要品の残余（以外のもの）としての贅沢品の範囲もファジイである　29
アダム・スミスの定義　29
残余的定義の暗黙の想定　30
何が必需品かの範囲も変わる　31
1-5 必需-贅沢ダイナミクスは複数経路で生じる　34
必需品と贅沢品の境界過程　34
必要（ニーズ）から欲望（デザイア）へ高度化　36
必需品と贅沢品の相互転換　37
1-6 贅沢のファジイ特性はダイナミクスの投影である　40
贅沢の静止画はピンぼけする　40
贅沢はなぜ動くのか　42
1-7 贅沢の法則とは何か　44
動きのパターンを捉える　44
贅沢パターンを捉える視座　45

1-8 現在の贅沢では異なる時間層で働く贅沢法則が作用している 49
パターンの歴史的起源 49
経済発展段階の区分 50
三種の法則の関連 54

第2章 贅沢の古典法則―エリート趣味が生み出す贅沢パターン― …… 57

2-1 贅沢は生活美学による快楽を目指す 59
本性的欲求としての生活美学 59
美意識とアイデンティティ 61
心理過程としての生活美学 63

2-2 富と趣味の出会いから贅沢が生まれる 67
富(財力)と贅沢は同じか 67
会意文字としての贅沢 68
富は贅沢の十分条件ではない 69
富と贅沢趣味の結合 71

2-3 贅沢は社会的地位の伝達媒体になる 72
贅沢の社会的効用 72

2-4　贅沢欲求には限りがない　76
忍び寄る特定贅沢への無関心　76
贅沢への絶対の探求　78
絶対の探求は今でも続く　84
2-5　上流階層での贅沢趣味の普及により贅沢人が登場する　85
贅沢人母体としての上流階層　85
経済余剰の一消尽形式としての贅沢　89
2-6　贅沢人は特定地域に参集する　90
覇権国家への贅沢集中　91
贅沢都市への集中　95
贅沢都市の歴史的興亡　96
2-7　大都市発展と贅沢人参集は相互依存的である　99
消費都市としての発展　100
贅沢趣味情報の集積　103
2-8　贅沢欲求は道徳的歯止めを超えて飛翔する　108
贅沢欲求の放縦性　108
なぜ贅沢欲求に溺れるのか　109

贅沢抑制の規範化 111
イタリア・ルネサンスによる解放 113
現代でも続く欲求と抑止の抗争 115
2-9 政治統制によっても贅沢欲求を抑止できない 116
政治統制の役割 116
贅沢禁止法 116

第3章 贅沢の近代法則―新富裕人の贅沢パターン― …… 123
3-1 経済成長は贅沢の輪を回転させる 126
世界の経済発展 126
贅沢の輪が回る 128
贅沢の輪に伴う贅沢様式の変化 132
3-2 新富裕人が贅沢人の予備軍になる 136
経済成長に伴う新富裕人の増加 136
富使用の新原則 139
企業家の登場 140
経済構造変動による富獲得の新機会 143

3-3 社会の贅沢観が振り子のように揺らぐ 144
贅沢抑制の伝統的基盤 145
マンデヴィルの衝撃 146
贅沢観の揺らぎ 149
贅沢罪悪感の希薄化 150
3-4 新富裕人は高額品を買いあさる 151
新富裕人の誇示消費 151
新富裕人の高額品指向 153
新富裕人の階層ポジショニング戦略 156
贅沢世界でのピジン語としての高額品 157
3-5 新富裕人は新製品を買いあさる 159
なぜ新製品を求めるか 159
英国の産業革命期事例 161
日本の高度成長期事例 164
伝統的贅沢品のオーラからの解放 165
3-6 新富裕人の登場ごとに、贅沢世界の流行（ファッション）化が進む 168
ファッション・ダイナミクスの誕生 168
新富裕人と流行 172

3-7 結婚や恋愛が贅沢趣味情報の伝送路になる 174
富裕人から贅沢人への移行速度の加速 174
贅沢趣味の習得機会 176
恋愛による習得 179
3-8 流通発展により新富裕人から贅沢人への移行が加速する 181
パサージュ（専門店集積）の登場 181
百貨店の誕生 184
第4章 贅沢の現代法則―大衆化が生み出す贅沢パターン―……189
4-1 贅沢民主化がほとんどの社会階層に及ぶ 192
贅沢民主化とは何か 192
贅沢民主化の担い手 194
消費主体化の条件 197
4-2 贅沢情報の氾濫で大衆の贅沢ドリームが膨張する 200
贅沢ドリームの膨張 200
贅沢趣味情報の氾濫 202

財力に先行する贅沢ドリーム形成　204
4-3　ブランド化が贅沢趣味を定型化・標準化する　205
ブランドによる贅沢判断　205
有標化　208
ブランド・イメージの創造　209
顧客関係性の高度化　212
4-4　限界贅沢人が贅沢民主化を支える　213
願望葛藤　213
限界贅沢人：日本の事例　214
自由裁量所得があるのか　216
大衆は限界贅沢人である　219
4-5　限界贅沢人が生活革新製品で瞬間贅沢をする　222
伝統的贅沢品よりも生活革新製品へ　222
生活革新製品の性格変化　223
限界贅沢人の採用者特性　226
4-6　願望葛藤は限界ブランドを拡大する　229
1点豪華主義　229
ディスカウント品　231

中古品　233
偽ブランド　234
限界ブランド　236

4-7　マスティージは贅沢品の範囲を拡げる　237
マスティージとは何か　237
マスティージの市場ポジショニング　238
マスティージにかける想い　240
いわゆるプチ贅沢とは何か　241

エピローグ　贅沢世界の将来……245
贅沢ピラミッドの巨大化　246
贅沢ピラミッドの階層　247
ますます拡がる贅沢ピラミッドの裾野　251
ますます高くなる贅沢ピラミッド　253
ますますファジイ化する贅沢世界　256

注……261

第1章

贅沢とは何か

揺れ動くファジイな多様体

贅沢について人は実に長い間にわたり関心を持ち続け議論してきた。それは文明史と同じくらいの歴史を持つと言っても良いであろう。現在でも贅沢という言葉は日常生活でも頻繁に使われている。贅沢とは何だろうか。通念では、富を背景にした個人の豊かな消費生活を思い浮かべる。この点は共通しているけれども、人によってあまりにも多様なコンテキスト（文脈）で語られるので、その語義も多様化している。贅沢というものを深く考えるには、その語義を縮小化して論点を明確にしておくことが必要だろう。取りあえず、豊かな個人消費活動という通念を出発点としよう。

家で何を食べてきたのか。どのような下着を身につけているか。寝室、トイレ、食堂、リビングがまったくプライベートな居住空間であれば、そこにはどのような家具、インテリア、照明があるか。個人消費には、本人が言わなければ他者に見えない部分がある。これを内面消費と呼ぼう。

他方で他者が観察できる部分もある。たとえば、着用衣服、ネクタイ、腕時計、バッグ、乗っている車、住居などは世間の目差しに晒される。この意味でそれは外面消費である。そこで使用される製品は、その人の趣味、関心、社会的地位など、他者へのメッセージを多かれ少なかれ含んでいる。貧乏人とは対照的に、贅沢をしている人を贅沢人と呼ぼう。贅沢人が使っている製品は他者の目に触れるだけでない。製品自体が記号化して発するメッセージに従って、他者の注視の的になり、羨望、模倣、あるいは軽蔑といった反応を生じさせる。

　贅沢は他者との間に、メッセージの送信とそれへの反応といった相互行為を引き起こす。贅沢は贅沢人の個人的な消費活動であるけれども、他者との関係性の中で遂行されるから、個人の私的生活の閉じた世界にとどまらない。それは社会的行為[*1]でもある。贅沢はこの側面から生まれるライフスタイルの一種であるとも言えよう。ライフスタイルは個人が何に関心を持ち、どんな意見を持っているかを消費活動を通して表明したものである。ライフスタイルとしての贅沢には、誰が誰に対して贅沢するのか、誰とともに贅沢するのか、何を贅沢するのか、いつどこで贅沢するのか、贅沢の動機は何かなどといった局面がある。

　贅沢はこのように異なる局面を持つだけではない。さらに各局面の内容が時と場所によって揺れ動く。国などの場所や時代が変われば、何が贅沢かの内容が変わる。贅沢は社会変化につれて動くひとつの運動体でもある。とくに現在の贅沢を全体としてみると、そこに浮かび出るイメージは揺れ動く運動体である。このため、贅沢とは何かを問い、その本質的特徴を探し求め、贅沢の一般的なコンセプトを確定しようと努力しても、ファジイ（曖昧）なコンセプトしか得られない。ファジイとは、贅沢かそうでないかの境界がはっきりしないということである。ファジイなコンセプトだから、それを手がかりに、具体事例を贅沢に分類できるかを判定しようとしても、確定的な判断ができない場合が多くなる。

これまでファジイなコンセプトは科学的研究の敵であった。しかし、贅沢研究に関するかぎり、ファジイであることに贅沢のもっとも本質的な特徴がある。だからファジイさから逃避するのではなく、かえってそれを見つめ続けねばならない。現在の贅沢を理解するには、ファジイさを生み出す源泉を探り、それを手がかりにしながら、現在の贅沢世界を織りなしている複雑な糸を整理する必要がある。まず、どのような意味で贅沢は多様体であり、また時空間にわたって揺れ動くのか、そのことによって贅沢コンセプトがいかにファジイなコンセプトになっていくのかを確認しよう。その上で贅沢についての知識創造のためにどのようなアプローチがあるかを検討しよう。

1-1 贅沢は多様体である

▼贅沢の全体像

外国旅行をすれば、各国で出版される世界地図を見る機会があろう。地球上の国々を一枚にまとめた地図だ。日本の世界地図では日本が中央に位置する。この種の世界地図に見慣れた眼には外国の世界地図は新鮮に映るはずだ。英国の世界地図では日本は右端つまり東の端に位置している。だから日本を極東に位置するという。この根底には欧州を中心に置いた視座がある。いずれにせよ、一枚の世界地図は地球全体をある視座から見た局面像に過ぎない。

世界の全体像は、地球を各地域に分割して得られるいくつかの局面像を、経度や緯度の座標点を手がかりに、合成することによってのみ把握できる。この作業は数枚の紙から提灯を作る作業と同じである。このようにいくつかの局面像を持ち、その合成によって把握できる全体像を多様体と呼ぶことにしよう。贅沢も多様体の一種である。種々な視座から見た多様な局面像を持ち、全体像は局面像を合成することによってのみ把握できるからである。

贅沢が多様体であるとすれば、どのような視座から贅沢を見るかによって、局所地図と同じように異なる贅沢像が現れる。古代ギリシャ・ローマの時代から、贅沢は哲学、歴史学、文学、政治学などで議論されてきた。近代になると議論は、社会学、文化人類学、経済学、経営学とくにマーケティング論にまで拡がっている。これらの分野は贅沢を異なる視座から捉えて議論している。それは専門分野という薄暗い洞穴の中で、専門のローソクの火だけを頼りに贅沢像の影絵を見ているようなものだ。多くの場合、各視座は多様体としての贅沢の別個の局面に焦点を合わせている。そして各視点から書き込まれる贅沢の程度といった座標の性格も異なっている。

視座の相違によって贅沢は多様な姿を見せる。それは光の当て方により姿を変える影絵のようだ。特定視座に限定された贅沢像はまた、「群盲象《ぐんもうぞう》をなでる」というインド寓話が示すような局面像を思い起こさせる。しかし、これらを合わせて全体としてみると、贅沢は多様体として現れる。そこでは、局面的な贅沢像が部分的に重なり合いながら複雑に交錯している。多様体としての贅沢は、いわば贅沢の全体像である。狭い専門分野という洞穴から出て、この全体像を捉えてみよう。それはどのような姿をしているのだろうか。図1－1がそれを示している。

贅沢の全体像は直接に捉えにくいので、図1－1ではまず贅沢がいくつかの対義語を持つ点に注目している。主要な対義語は必需、質素、貧乏、下品などからなる。これらは贅沢の彼岸《ひがん》世界を表現するためにしばしば使われてきた。しかし重要な点はこれらの対義語の意味が若干の意味重複を含みながらも、かならずしも同じでない点にある。これは必需、質素、貧乏、下品から逆に、それぞれの直接的な対義語を調べなおしてみれば明らかである。それらは図に示すように嗜好、華美、裕福、上品である。

選好度の高まりにより必需は嗜好に変わる。選好とは、食べ物ではなく寿司が欲しい、ビフテキが食べたいなど、選り好みをするということである。質素から華美に変化すると、質素の

図1－1　対義語から見た贅沢の全体像

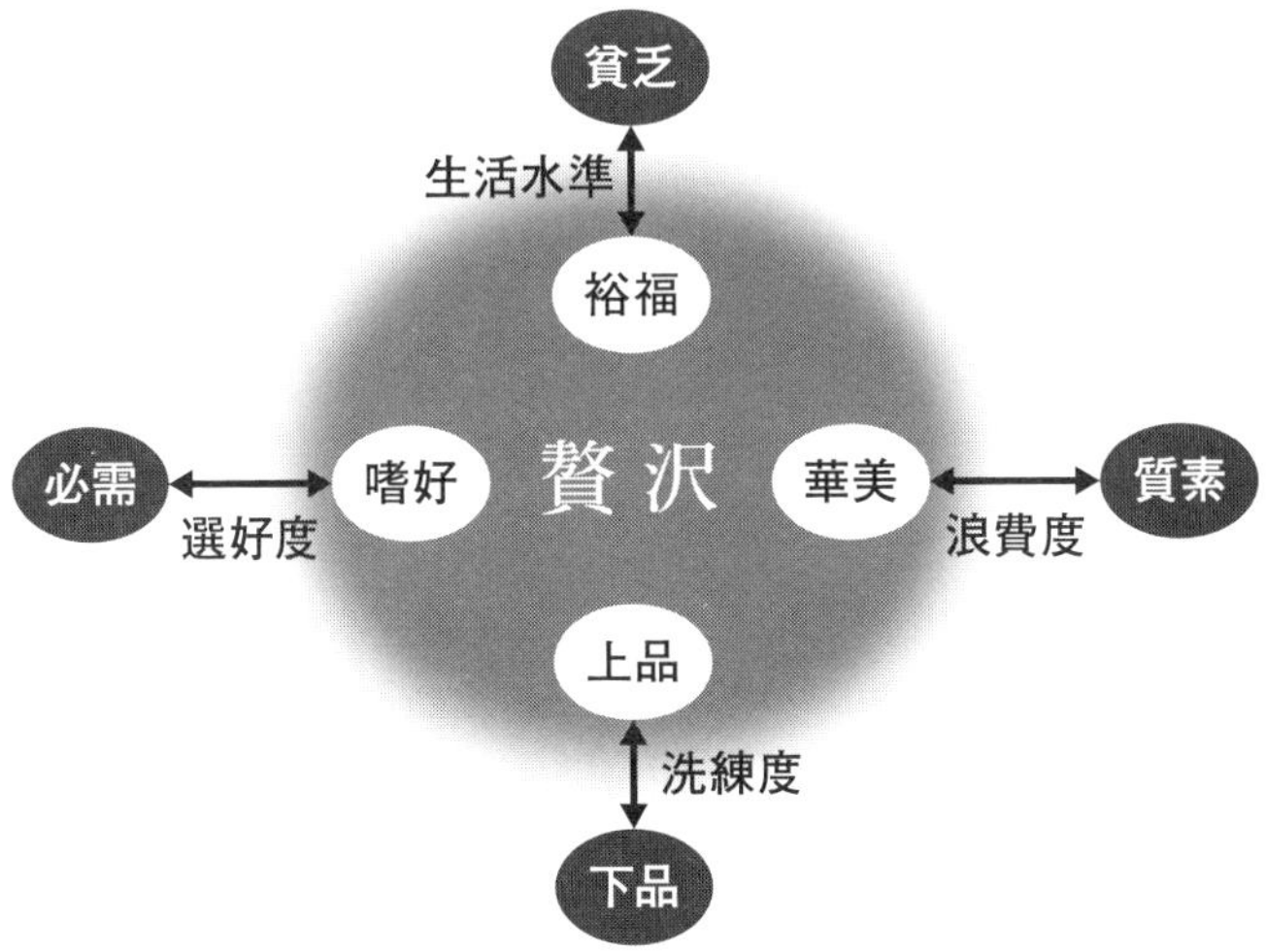

観点から見れば浪費度が増える。生活水準が向上すれば、貧乏は裕福に変わる。洗練度が向上すれば、下品は上品になる。嗜好、華美、裕福そして上品は贅沢が持つ別々の局面を表し、それらを合わせたもの、図中央の円で囲まれる領域が贅沢の対義語から姿を見せる全体像である。

▼各局面との対比で見た贅沢

必需との対比　必需との対比は経済学で採用されてきた。ここでは必需品の範囲をまず確定し、必需品でないものをすべて贅沢品とする。必需品の中心は衣、食、住など、人間生活に必要不可欠なものである。人間の生物的生存に不可欠なものだけでなく、それぞれの社会で社交慣例上から必要になるものが付け加わる場合もある。必需であるかないかが贅沢の判定基準になるが、贅沢の具体的内容について語ることは少ない。しかし必需の対極を考えると、かならずしも必需でないもの、つまり嗜好によるものである。嗜好は人それぞれの趣味による選り好みの結果である。

質素との対比　質素との対比では、贅沢は生活様式という点から捉えられている。シンプル・ライフ（質素な生活）議論はその典型であろう。生活が質素であるという場合、生活様式から見ると、同じ意味の表現がいくつかある。清貧、簡素、地味などである。これらの用語は贅沢を批判的目差しで眺めている。無駄を排して節約を心がけるつつましい生活様式である。このような質素の視座から見ると、その対極にある贅沢な生活はカネをふんだんに使い、高額品に取り巻かれ華美に流れるイメージが浮かび上がる。贅沢が豪華、豪勢、奢侈《しゃし》などと表現される場合も同じイメージである。質素は贅沢が持つこのような浪費的側面に批判的な目差しを注いでいる。

下品との対比　下品との対比では、贅沢の使用者とその背後にある上流、下流といった社会階層が議論の背景にある。この対比は「贅沢は貧困の対義語という人もいるけど、そうではないわ。贅沢は下品の対義語なの」[*2]というココ・シャネルの名言から始まった。下品は、粗野、通俗的、つまらない、安っぽい、低級という風にも表現される。一言でいえば、洗練さが欠如していることである。

社会階層が上昇すると、生活の快適さへの欲望が強まり、生活への審美的要求が強まる。食事をするにしても、その料理だけでなく、場所の雰囲気や食器の洗練さを求める。下品との直接的な対比における贅沢の内容は、いわゆる上品さである。それは上流社会階層などの文化によって育まれた審美上の洗練さというかたちをとって現れる。かつて商人など新興階層や上流階層への新参者を貴族階層が軽蔑したのは、カネはあっても上品さを求める美学を欠いていたからである。

貧乏との対比　貧乏との対比では、贅沢の基盤である個人の財力やそれにもとづく生活水準に焦点を合わせている。大正時代のベストセラー「貧乏物語」[*3]を書いた河上肇は貧乏線なるものを設定した。それは一人前の生活をおくるに必要な最低限の生活必要費である。その内容は、労働に耐えうる肉体を維持するために必要な食費、被服費、住居費、燃料費および雑費などである。

この線より以下の者は貧民である。健康維持の危機さえある。現代風にいえば、福祉による生活保護の対象になる。貧乏線上の者は自由裁量所得がゼロの状態にある。食べて行くだけで精一杯の生活になる。貧乏との対比における贅沢は、貧乏線をはるかに超え自由裁量所得を持つ状態である。それは豊かさや裕福という言葉でもしばしば表現されてきた。貧乏をなくすため、河上肇は貧者への福祉政策の必要を説き、また富者による贅沢消費の抑制を強調した。具体的には贅沢税などの税制を考えていたのであろう。

どのような対義語との比較で贅沢を語るかにより、贅沢はその姿を変える。全体としての贅沢像は、これらの対義語からそれぞれの直接的な対極を考えることによって映し出されている。その特徴は、嗜好、華美、裕福、上品といった側面を含む多様体である。これらの側面は部分的な重複を含みながらも、それぞれ独自の意味もあわせ持っている。現在における贅沢の議論が多様に展開される理由はここにある。

▼揺れ動く贅沢像

贅沢の全体像の把握の困難性は、多様体としての性格だけではない。さらに、その多様体が歴史など時の経過につれて、その局面を変化させることによっても生じている。この意味では雲に似ている。天空を見上げてみよう。雲の形は時々刻々、多様な形をとるだけでなく、色も多様に変わる。晴天の日には、朝日を受けてバラ色に輝いていた白雲は、やがて純白に変わり、夕方になると朱色に染まる。しかし天気がくだり始めれば、白雲も灰色から黒雲へと変わっていく。雲はとどまるところなくその形状、色を変え流れている。つまり、多様体の局面そのものも変化させながら流れているのである。

贅沢への非難と賞賛　贅沢の変化の概略をつかむため、図1－1の水平軸と垂直軸を比較してみよう。これは贅沢についての歴史的転換に関わる。水平軸は必需、質素に対して、嗜好、華美からなる贅沢を比較している。歴史的に見ると、これらは近代以前で支配的であった贅沢への非難的・禁止的視座である。この視座は王侯・貴族などの政治権力にもとづく視座であり、社会での一般大衆を支配した。その特徴は下流階層での贅沢への非難的目差しである。ここで近代というのは産業革命、民権増大、女性解放が始まる以前の時代である。英仏など西洋発展国では近代は18世紀頃から始まったが、それ以外の国ではその具体的な時期は多様である。この近代以前では上流階層以外の人々の嗜好や華美は抑圧されていた。

しかし、近代以降になると、贅沢を語る別の視座が登場する。それは図1－1の垂直方向に配置されている。それは貧乏や下品との対比で裕福や上品からなる贅沢を眺めている。その特徴は贅沢への賞賛の目差しであり、贅沢にいたる生活水準や洗練度の向上あるいは豊かな社会の実現が奨励される。現代では消費ユートピアを求めるこの視座が急速に台頭した。しかし、注意すべきは、この視座は水平軸の非難的な視座に完全に取って代わったのではないという点である。

贅沢観の歴史的発展は地層の発展に似ている。火山噴火などによる地殻変動によって、古い地層に新しい地層が積み重なる。しかし、場所によっては気候環境などにより、古い地層が表面に露出している。断崖絶壁では地層形成の歴史さえ表出している。全体としての地層は歴史が作り出した縞模様を見せる。これと同じく、水平軸の非難的視座は現代でも生き残っている。垂直軸の賞賛的視座は、非難的視座の上に重層的に重なっただけである。これから豊かさについての批判的検討や、贅沢についての毀誉褒貶《きよほうへん》が生まれている。

生活の二面性　もうひとつの局面は、贅沢の四つの側面の中で、華美は上品と、また裕福は嗜好と密接に関連することに関わる。前の組み合わせは生活の質的側面を表し、後の組み合わせはその量的側面を表していると言えよう。質的側面は、生活に使用される製品の質的側面に関わる。華美や上品は贅沢品の本質的特徴、つまり贅沢属性を示す表現である。後述するように、贅沢属性は卓越品質、審美性、記号性、稀少性、高価格などといった特徴からなる。これらは、質素と比較すれば華美であり、下品と比較すれば上品である。

量的側面は生活に使われる製品の量的側面に関わる。必需とは生活に必要不可欠ということであり、嗜好は個人の選り好みであり生活維持に不可欠なものではない。貧乏とは必需品さえもこと欠く状態である。一方、裕福とはどのような状態だろうか。裕福とは必需品以外にも多様な種類の製品を消費していることである。一般に生活が豊かになるとはこのような状態を指している。この点から見ると、贅沢の量的側面の焦点は、生活の必需品とは何かという問題である。

表1－1　贅沢品の製品カテゴリー

◆個人用贅沢品	◆高級食品
身の回り品（靴、皮革製品）	◆デザイナー家具
アパレル	◆車
貴金属（宝石、時計）	◆自家用ジェット
美容品（香水、化粧品）	◆高級クルーズ
◆高級ワイン・酒	◆ヨット
◆美術品	◆高級ホテル

歴史的に見ると、生活水準が大きく向上してきたことを誰も否定しないだろう。生活水準は生活に使う製品の質量両側面に深く関わっている。量だけでなく質も向上しなければ、生活水準は向上しない。言い換えれば、質量両側面での贅沢水準もまた歴史的に大きく変わってきたのである。このことは家庭内で使う製品種類がどのようなものであったか、これをわずか数十年前と比較するだけでも容易に理解できよう。ましてもっと長い歴史時間をとれば、その変化はさらに大きいものであった。

1-2 贅沢属性が贅沢品をファジイにする

▼贅沢品のカテゴリー

贅沢するには贅沢品を購買、所有、使用しなければならない。贅沢品とはどのようなものだろうか。

贅沢市場についての著名コンサルティング会社のベイン&カムパニーは、データを表1－1のような製品カテゴリーを使って集めている。[*4] それは衣食住だけでなく遊の世界にまで拡がっている。贅沢は消費生活のほとんどすべての製品カテゴリーに拡がっている。２０１５年にこれらのカテゴリーの世界市場は1兆ユーロを超えた。しかしこれら10カテゴリーで捕捉できている贅沢市場の比率は80％であるという。外食、住宅、別荘などが含まれていないせいであろう。

このような製品カテゴリーでの贅沢品の消費によって演出されるライフスタイル、これが贅沢である。ここでいう贅沢品は贅沢製品の略語であり、製品は人手をかけて創造されるものである。製品にはたとえば召使いなど家事補助者による対人サービスや、ホテルなどサービス産業が提供する製品（サービス）もある。だから贅沢品にはモノだけでなくサービスも含まれる。

▼贅沢属性とは何か

表1－1は贅沢品が属する製品カテゴリーを示しているだけである。贅沢品はいずれかのカテゴリーに入るが、それぞれのカテゴリーに入る製品のすべてが贅沢品であるというわけではない。それでは贅沢品とはどのようなものだろうか。表1－2に示すような特徴を持つ製品が、贅沢品とこれまで見なされてきた。

表1−2　贅沢属性

- 卓越品質：その機能性に卓越したベネフィットがある
- 審美性：美的感覚に優れている
- 記号（シンボル）性：地位、富、権力、流行センスなどを象徴する
- 稀少性：容易に入手できない
- 高価格：同種商品にくらべて価格が非常に高い

これらの特徴は贅沢属性とも呼ばれる。属性と呼ぶ理由は、これらの特徴を備えていなければ、贅沢品として存在し得ないと考えられたからである。だから贅沢属性とは贅沢品の本質的な特徴のことである。それは製品を贅沢品として存在させる共通の特質であり根拠である。贅沢属性を考え、それによって贅沢品を定義しようとする考え方は、いわば存在論的なアプローチと呼ばれる。存在論とは存在者が存在者として持つ共通の特質やその根拠を考察する学問にほかならない。

しかし贅沢品というコンセプトは、たんに製品としての属性だけを含んでいるわけではない。製品として贅沢属性を持っていても、その製品が個人の所有あるいは消費の対象になっていないかぎり、人はそれを贅沢品と呼ばない。たとえば、大阪豊中市にある西福寺は「仙人掌《さぼてん》群鶏図《ぐんけいず》 襖絵《ふすまえ》」ほか、江戸時代の天才画家、伊藤若冲の作品数点を所蔵している。しかし人は西福寺が贅沢であるとは言わない。

神殿や寺院など宗教的建造物には贅沢属性を備えた製品が多

い。しかしそれを贅沢品と呼ばないのは、神殿・寺院が絶対者である神仏に代行して、それらを使用・消費していると信者が見なしているからである。しかもこれらの製品は多くの人の参拝対象であるから、一種の公共消費の対象でもある。贅沢属性を備えた製品は、公共消費ではなく個人の私的消費の対象になる時、贅沢品と呼ばれる点に注意しよう。

▼贅沢属性を生み出すコード

贅沢属性は種々な贅沢コードを生み出す母体になってきた。贅沢コードとは、特定文化の中で贅沢品かどうかを判断する規則や慣例である。図1－2は各贅沢属性を生み出すコードの概略を示している。

卓越品質のコード　卓越品質は素材や製造工程によって生み出され、その特徴がコードになる。とくに重要なのは、その卓越した機能性が生み出すベネフィットである。このベネフィットは、卓越品質を生み出す素材によって生じる場合がある。天蚕糸《てんさんし》の絹着物、カシミア・マフラー、ゴアテックスの登山服などである。食の世界でも素材が卓越品質を決める例は多い。同じフグでも下関産の天然トラフグがもっともうまいと言われる。高級レストランの料理ではトリュフ、フォアグラ、カスピ海のキャビアなどを使う。高級ステーキハウスでは神戸牛が売りになる。住関連では、総檜《そうひのき》の日本住宅、紫檀《したん》の座敷机などがある。高級宝飾品にはダイヤ、エ

図1−2　贅沢属性を生み出すコード

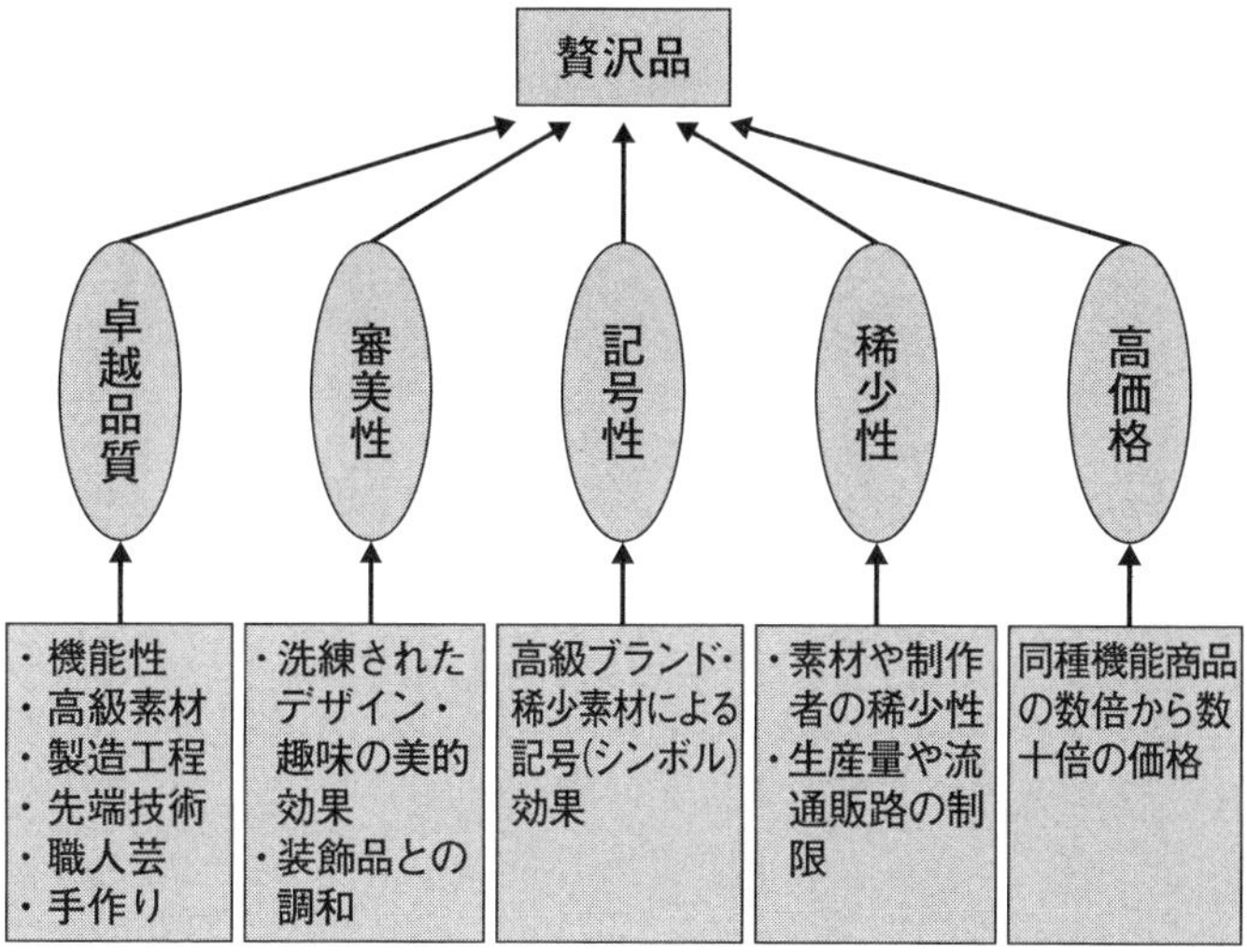

メラルド、ルビーなど高級宝石や金・プラチナが必要になる。

　また卓越した機能性は製造工程が決め手になることもある。そのさい作り手の高度な専門知識・技能が製造工程を支える。この種の製造工程は種々な言葉で表現される。先端技術、職人芸、手作りなどがその例だ。腕時計のグランドセイコー、トヨタのレクサスなどは先端技術を多用する。エルメスの高級バッグは、馬具メーカーから出発した同社の革職人芸、手づくり部分が欠かせない。宮大工などの名匠が作った建物は長年の風雪に耐えて狂いが生じない。高度な専門知識・技能によって作り出される機能性、信頼性、安全性、耐久性などは卓越品質を支えることが多い。

審美性のコード　製品の審美性が贅沢品を生み出す場合もある。審美性とはその製品が体現している美的感覚である。ユニークで洗練されたデザインあるいは良い趣味による視覚効果が美的感覚を生み出す。豪華な和服では裾模様《すそもよう》や帯がアイ・キャッチャーになる。婦人服ではデザイナーによる素材、色・柄・シルエット・装飾のコーディネートによる美的感覚が命である。吉兆の懐石などは季節感を漂わせる食材が美しい食器に飾り盛りされて出てくる。その色調の調和が食欲を誘うだけでなく目を楽しませる。

高級レストランでは陶器にマイセン、ジノリ、コペンなど、ナイフ・フォークはクリストフル、グラスにはバカラなどを使う。それらによるセッティングが室内装飾や来店客層とともに豪華な雰囲気を醸し出す。贅沢な住宅では、屋根、外壁、エクステリアの調和美やインテリアでは壁、天井、床と各・調度品の調和美が美的感覚を生み出している。

記号性のコード　贅沢品は記号（シンボル）性という特質も持っている。鳩が平和のシンボルとなるように、贅沢品自体が使用者の地位、富、権力、流行センスなどといった意味の記号になることがある。記号性とは贅沢品それ自体がこれらの意味を発信しているということだ。エルメス・バーキンを提げている女性を見れば、それだけでセレブかスーパー・リッチと思うだろう。デートした男性の腕にブルガリ時計の高級ラインがあれば、それだけで一流企業のエリート社員だと彼女が判断するかもしれない。若者の間では先端流行ファッションが彼らの流行センスの記号になっている。

歴史上、贅沢品を記号として最初に使ったのは古代エジプトの神官たちであった。彼らは黄金の装身具を身につけて、彼らの絶大な権力を象徴しようとした。同じように、豊臣秀吉は組み立て式の黄金の茶室を作り、大名たちを接待した。それは彼の絶大な権力と富を象徴していた。現代の若者は、先端的なカジュアル・ファッションを身につけることにより、彼らの流行趣味を象徴しようとしている。

稀少性のコード　贅沢品のもうひとつの特徴は稀少性である。その品数が限られているのだ。稀少性は材料の稀少性によることが多い。天蚕糸、紫檀《したん》、高級宝石、金、プラチナ、檜建材、天然下関フグなど、贅沢品は稀少な材料を使っている。何十年も寝かしたワインも稀少である。稀少性はまたそれを作れる人的資源の稀少性によることもある。とくに優秀なデザイナー、匠《たくみ》と呼ばれる職人は数少ない。優れた陶器、高級絵画、家具を創造できる美術工芸家もきわめて少ない。それが骨董など時代物になると、追加生産さえ不可能だ。アンティーク・オークションに頼る以外に方法がない。

高級ブランドのマーケターは、マーケティング戦略上の考慮から、この稀少性を人為的に作る。このために生産量を調整する。自動車のフェラーリやエルメス、シャネルの高級ラインでは生産量を抑えることが多い。客は発注してから入手まで長い時間を待たねばならない。稀少性はまた流通を制限することによっても作られている。とくに高級ブランドの新作ものなどがそうである。量販ルートやネット通販では買えない。大都市の格付けの高い百貨店のインショップや、中心街の路面オンリーショップでしか買えない。ものによってはそのブランドの世界的旗艦店まで出かけねばならない。たとえばエルメスのパリ本店などはその例である。

高価格のコード　以上のことから贅沢品の価格は高くなる傾向がある。稀少材料や数少ない作り手のために、製造費用が高くなる。それだけではない。高価格を設定すれば、価格と品質の連想によって、高品質の連想が生じる。さらに、富、地位などの記号性を持たせるためにあえて、威光（プレスティッジ）価格を設定する場合もある。威光価格とは高価格設定による高級感の醸成を狙った価格設定である。高価格と高品質の連想あるいは高価格による高い地位気分の獲得といった消費者心理を利用している。百万円を超えるエルメス・バーキンなどはその例であろう。贅沢属性としての高価格は、かならずしも絶対的な価格水準ではない。この水準は製品カテゴリーにより変動する。

贅沢コードの多階層性　特定の贅沢属性を取り上げても、そのコードは多様であるから、贅沢属性のそれぞれが多元的な側面を持つことになる。贅沢属性を詳細に見ていけばいくほど、そのコードは樹形のように次々に枝分かれして拡がっていくかもしれない。たとえば卓越品質ひとつを取り上げてみても、それを構成する次元が多階層的に拡がっていく。特定の製品事例について、それが各々の贅沢属性を持つかどうかの二分判断は、その贅沢コードが多様になればなるほど難しくなる。

このため、これまで挙げられてきた贅沢属性はすべてファジイ（曖昧な）なカテゴリーである。審美性など特定のカテゴリーに照らして、個々の具体的な製品をそのカテゴリーに入るか入らないか。その成員帰属性を確定的に設定できない時、そのカテゴリーはファジイな製品の集まり（集合）をつくる。[*5] その集合は、審美性というカテゴリーへの所属の程度が、「完全に審美的」、「やや審美的」、「どちらとも言えない」、「やや審美的でない」といった、多様に異なる製品から構成されることになる。

贅沢品はいくつかの属性から構成されている。それらの属性の各々がファジイであるとすれば、贅沢品の集まりも当然にファジイになる。贅沢属性の従来の議論が明らかにしてきたことは、贅沢が多くの属性を持つ可能性があるということだけである。

1-3 贅沢品の家族類似性も贅沢品をファジイにする

▼贅沢品の必要条件と十分条件

複数の属性が生み出す問題　何が贅沢であるのか。そのコンセプトがファジイである理由は、たんに贅沢属性がファジイであることだけによるのではない。さらに贅沢品が複数の属性から構成されることによっても生じる。贅沢属性が贅沢の本質的特徴であると言っても、複数の属性が贅沢品であるかどうかにどのように関わるのか、その論理はかならずしも明確ではないからである。つまり贅沢属性はあらゆる贅沢品がかならず持つ特徴であるのか。またこれらの特徴をひとつでも持てば、かならず贅沢品になるのか。複数属性との関連でこれらをどう考えれば良いのか。これらの点について従来の属性議論は明確にしていない。

人間の歴史で贅沢品と呼ばれてきたものを一堂に集めたとしよう。この種の贅沢品の集まりを念頭に、多くの研究者が贅沢属性を確定して、それらにより贅沢品を定義しようとしてきた。しかし、最新の研究ですら、この試みは失敗に終わっている。贅沢文献についてのもっとも包括的な展望によれば、「この20年間、贅沢品と贅沢ブランドの定義について、いかなるコンセンサスもないというのが経営文献でのコンセンサスである。[*6]」また、贅沢についての代表的文献[7]でも、人や製品・ブランドを贅沢であるかどうかを区分できるような贅沢の理論概念を構築することは難しいと指摘している。

必要条件と十分条件　なぜ贅沢や贅沢品を定義することが難しいのだろうか。問題は、贅沢属性をまず確定して、それにより贅沢品を定義しようとするアプローチにある。贅沢品の定義に役立つ属性は、贅沢品の必要条件あるいは十分条件でなければならない。必要条件とはすべての贅沢が含んでいる条件である。たとえば、高価格が贅沢品の必要条件であるとすれば、すべての贅沢品は高価格である。図1－3はその様式をベン図で明確に示している。

この図で四角内に全製品がある。高価格は贅沢の必要条件であるとすれば、高額品は大きい円内にあり、贅沢品は高額品の内部にあるさらに小さい円内にある。あらゆる贅沢品は高額品の一部（部分集合）である。つまり、贅沢品であれば必ず高額品となっている。記号～によって、否定、「……でない」を表すと、X、～Yの領域には贅沢品ではないが高額品であるような商品の領域を示し、～X、～Yは高額品でも贅沢品でもない領域を示している。

高額品が十分条件であれば、高額品はかならず贅沢品になる。この様子は図1－4に示されている。同じように、全商品は四角の中にある。しかし、高価格が贅沢の十分条件になると、高額品の集合は贅沢品の集合内に完全に含まれることになる。だから高額品であれば、かならず贅沢品であると言えるのである。

図1−3　必要条件としての高額品
～否定

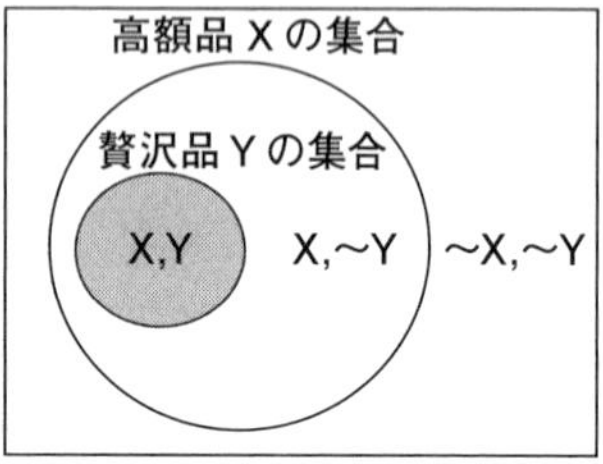

図1−4　十分条件としての高額品
～否定

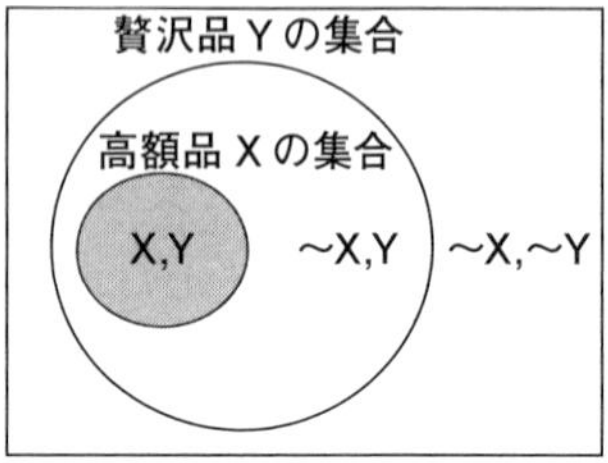

しかしながら、卓越品質、審美性、記号性、稀少性、高価格など、いずれの属性をとっても、それひとつだけで贅沢品の必要条件あるいは十分条件とはかならずしも言えない事例が発生する。

たとえば、高価格を取り上げてみよう。プラダやシャネルのリュック・バックは10万円以上もするから、多くの人は贅沢品と見なすかもしれない。しかし、乗用車の場合には百万円ぐらいしても誰も贅沢品とは見なさないだろう。iPhone、デジタル・オーディオ・プレーヤー、パソコン、テレビなど、電気機器には先端技術を駆使した卓越品質のものが多い。民芸品の中には審美性を備えたものもかなりある。若者はスニーカーやTシャツのブランドにも記号性を見いだしている。地域特産品などの食品には、生産量が限られ稀少なものも多い。しかしこれらの中には贅沢品と見なされていないものがかなりある。

必要・十分条件の構造　贅沢品を確定する上での困難性は、個々の贅沢属性がファジイであることだけによるのではない。この問題をしばらく横に置くとしても、贅沢属性が複数あることによっても、贅沢品の範囲を明確に定めることは難しくなる。複数の贅沢属性が存在する時、贅沢品の必要・十分条件の構造が複雑になるからである。贅沢属性が贅沢の本質的特徴であるかぎり、贅沢属性は贅沢の一般的特徴、言い換えればすべての贅沢品が持つ共通の特徴である。それらを使えば、個々の製品を贅沢品かどうかに区分できるはずである。

贅沢属性のこのような概念的特徴から見ると、必要・十分条件の構造について暗黙の想定をおいていることは明らかである。その内容は個々の属性が贅沢の必要条件であり、それらをすべて合わせたものが十分条件になるということである。しかしこの暗黙の想定も、大きい壁にぶつかることになる。いくつかの事例を挙げてみよう。

トヨタのレクサスは高価格、卓越品質、審美性を持ち、少なくとも日本では、その所有者の富を記号化している。しかし、それを購買したいと思う人にとってはいつでも手に入るため、希少性という属性を持っていない。ユニクロの急成長を支えたヒートテックなどの肌着は、卓越品質を持っていた。しかし、ほとんどの消費者はこの製品を贅沢品と見なさないだろう。

▼贅沢品の家族類似性

属性共有のパターン　贅沢品かどうかを複数の属性にもとづき判断しようとするさい、このような事例が多く現れる理由は何か。それは製品によって贅沢属性の保有数が異なるからである。高級ブランドのように、贅沢特性のすべてを持つ場合もあれば、レクサスやユニクロ肌着のように、贅沢属性の一部を持つ場合がある。贅沢属性をいくつ持つかは、製品間で広く分散している。これは贅沢を決める一般的属性がないことを意味している。存在しているのは贅沢属性の多様な組み合わせであり、われわれはそれにもとづいて贅沢品かどうかを判断している。

たとえば、高価格、卓越品質、審美性、希少性、記号性の5つを贅沢属性と見なすならば、特定の製品ペアがこれらの属性を共有するパターンは、全部で31（5個の属性から1～5の属性を取り出してできるそれぞれの組み合わせの数は、${}_5C_5=1$、${}_5C_4=5$、${}_5C_3=10$、${}_5C_2=10$、${}_5C_1=5$）である。贅沢品として言及される製品は、これらの多様な属性共有パターンで、連鎖するネットワークを形成している。それは多様に程度の異なる類似性で連結されているネットワークである。ネットワークの各点（製品）は、相互に何らかの点で類似しているという意味で、いわばひとつの家族を構成している。贅沢品の集まりはこの種の家族類似性[*8]を持っている。贅沢属性をひとつも持たない製品を非贅沢品と呼び、ひとつ以上持つ製品を贅沢品と呼ぶにしても、家族類似性でくくられる贅沢品世界は複雑である。その中心部は贅沢属性をすべて持つ製品から構成されている。しかし保有する贅沢品属性が少なくなるにつれて、多様な保有パターンが現れる。また、贅沢品属性の保有数が少ない贅沢品になると、贅沢属性を持たないという点で、非贅沢品との類似性をますます強めていく。贅沢属性がひとつしかない贅沢品は、贅沢属性をまったく持たない非贅沢品ときわめて類似している。非贅沢品が贅沢属性をまったく持たない製品であるとすると、5つの贅沢品属性のうちのひとつを除けば、非保有という点でその贅沢品は非贅沢品と同じになるからである。

言語ゲーム　この家族類似性のネットワークの中で、贅沢品の境界を確定することは難しい。この問題を解決するためには、せいぜいm/nアプローチ[*9]を採用するぐらいしかない。n個の贅沢品属性がある場合に、m個の属性を持っていれば、贅沢品とするというアプローチである。たとえば、5個の贅沢品属性のうちで、3個保有すれば贅沢品にするのである。しかし、基準となるm個はまったく恣意的である。それは贅沢属性にはまったく依存していない。

さらに、mを構成する属性の組み合わせによって、存在論的にはまったく異なるものを意味することになる。たとえば、mを3個とすれば、5の属性から3個の属性を選ぶ場合の組み合わせパターンは10個ある。5つの属性は相互に異質であるから、それぞれの組み合わせの存在論的意味は異なっている。だからこのアプローチは、贅沢品を存在論的に定義したことにはならない。

複数のファジイな属性によってしか贅沢について語れないとすれば、贅沢品の集まりはその外的境界が曖昧なファジイ集合を形成することになる。贅沢品というカテゴリーに入れて良いかを迷うような製品が多くある。これが何を意味しているのか。贅沢という世界が、「贅沢」という言葉を日常的に使用するさいの人々の慣習によって、形成されてきたということである。人は言葉により思考するから、言語の使用慣習は同時に人々の思考習慣を表している。それは哲学者ウィットゲンシュタインの言う言語ゲーム[*10]の産物である。言語ゲームとは、日常生活における人々の間での言葉のやりとりである。そこにはすべての贅沢に、いつ、どこでも、誰にでも通用する一般的特徴は存在しないと言えよう。

以上のように、贅沢コンセプトは、贅沢属性そのものがファジイであるだけでなく、言語ゲームの産物としての複数属性にもとづく、家族類似性によっても生じている。

1-4 必需品の残余(以外のもの)としての贅沢品の範囲もファジイである

▼アダム・スミスの定義

卓越品質、審美性、記号性、稀少性、高価格といった贅沢属性の議論は、最近の数十年間にとくにマーケティング研究者によって始まったものであり、それ以前では贅沢品はもっぱら必需性を念頭に置いて定義されていた。

もっとも古い試みのひとつはアダム・スミスによるものである。それは贅沢品を必需品以外のものと定義する。必需品をまず定義し、それでないものを贅沢品にするという否定的・残余的な定義に特徴がある。彼によれば、「必需品には、生きていくために必要不可欠なものだけでなく、その国の慣習によって最下層にとってすら、恥をかかないために必要とされているものすべてが入る……それ以外のものはすべて贅沢品に分類する」[*11]のである。製品あるいは財を、必需品とその残余としての贅沢品に二分するという考え方は、今日でも経済学で慣行的に受け入れられている。

必需品でないものという贅沢品の残余的定義に加えて、スミスの定義にはもうひとつの特徴がある。それは生存のために不可欠といった要因だけでなく、社会慣習による恥などといった社会学的特質を必需品定義に導入していることである。恥になるのは、慣習上から、礼儀を欠くことになるからである。スミスは亜麻布のシャツを例に挙げて、古代のギリシャ人やローマ人はそれを着なくても快適に暮らしたが、今（18世紀）ではヨーロッパの大部分でそれを着ずに人前に出ると、最下層の人でも礼儀を重んじる人であれば恥になるという。また革靴はイングランドの男でそれをはかないことは恥であり、そのため生活必需品になっているが、フランスではそうではないとも言う。

▼残余的定義の暗黙の想定

必需品との対比で贅沢品を定義する。この考え方の根底には、測定のための連続体（尺度）がある。具体的な製品事例を贅沢品かどうかの判断するさいの連続体が暗黙のうち使われている。必需性尺度の具体例は図１－５のようなものである。必需性水準に１、２、３……と言った数値を割り振っても、その数値は必需性の高低順序だけを示す序数である。

この種の尺度でスミスの定義のように必需品か贅沢品かを分けるには、質的分岐点を入れる必要がある。それは寒暖計での摂氏０度や１００度のようなものである。これによって氷、水、気体と言った質的差異が生じる。しかし、贅沢品と必需品を分ける質的分岐点については、明

図1－5　必需性尺度の例

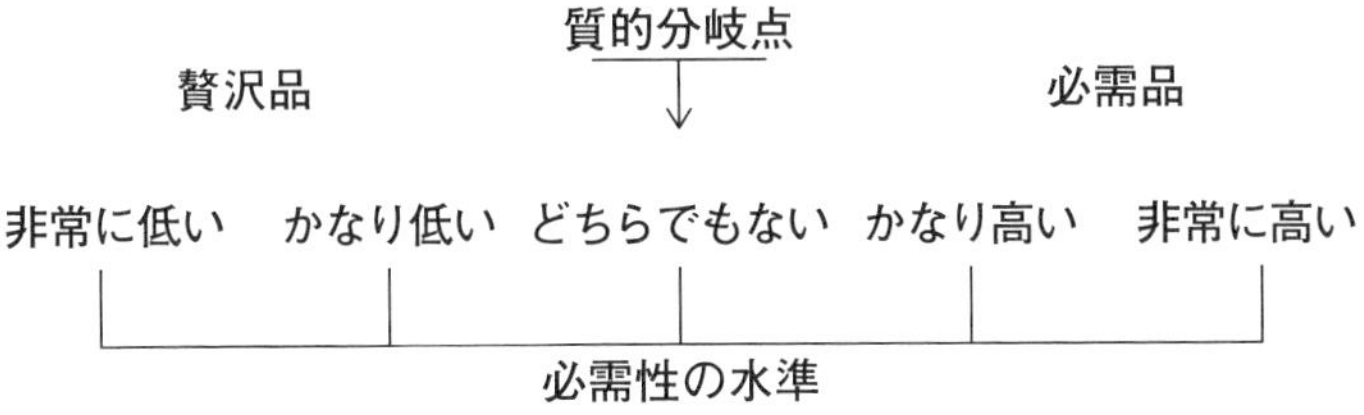

確にほとんど議論されていない。おそらく、それは必需性水準の「どちらでもない」の近傍に暗黙のうちに設定されている。尺度の両端は正値と負値である。「非常に高い」が正値であり、「非常に低い」が負値である。卓越品質、審美性、記号性、稀少性、高価格といった贅沢属性は、この負値の内容の詳細化を目指したものとも言えよう。

▼何が必需品かの範囲も変わる

必需品でないものを贅沢品とする。この贅沢品の定義はきわめて明確なように見える。しかし、それは必需品が固定的でその範囲が不変であるかぎりにおいてである。必需品の内容が変わり、その範囲が変化すれば、残余（必需品以外）としての贅沢品の範囲も変化することになる。何が贅沢品であるかということは、何が必需品であるかということと裏腹の関係にある。

必需品とは生活に不可欠なものと定義される。従来、その内容はしばしば固定的に設定された。そのさい必需品とは、人間の生存に不可欠な衣、食、住関連の製品であった。この設定の根底には、人間の生物的生存のために、必要最低限のものは何かという発想がある。たしかに生存欲求を充足する手段の創出、つまり物質的生活そのものの生産は、人間の歴史の始まりである。[*12]

しかし、この生存水準がどのような水準であるのかは、かならずしも明確ではない。実際に、地域の自然環境、とくに気候条件によって、生存に必要な必需品内容は大きく異なる。寒冷地では寒さに備えた衣服、暖房、丈夫な家屋が不可欠だが、1年中暖かい地域では必需ではない。また時代によっても、生存条件の内容は文化水準で変化する。社会礼儀上から誰もが靴をはき出したのはそれほど遠い昔ではない。

河上肇は「貧乏物語」[*13]で必需品の内容として、少なくとも貧乏線を満たす製品を考えていたように見える。貧乏線未満の者はいわゆる貧民である。肉体の健康さえ維持できない危険がある。歴史的に見ると、生存水準は貧乏線以下にまで引き下げられたこともある。その代表事例は産業革命直後の労働者の生活である。マルクスとともに社会主義革命運動の旗手となったエンゲルスは、その青年期の著作[*14]で、産業革命直後にイギリスの多くの労働者が貧民状態におかれていたことを書き残している。

エンゲルスのフィールドワークが伝えるところによれば、大都市に集まったほとんどの労働者は貧民窟を形成し、小さく薄暗い小部屋の一室に大家族で住んだ。家具らしいものはほとんどなく、床を破ってトイレに利用した。着るものはぼろ切れだった。街路の上では市場が開かれ、品質が悪く、ほとんど食えないような野菜が並び、肉屋の商品とともに悪臭を放っていた。狭い路地のどぶ溝には住民の一切の廃物、屑、糞尿が投げ込まれていた。日本の明治期における貧民窟の情況もこれと大差はない。[*15]

このような状態はその後、社会主義運動を激化させる一方で、それへの対抗策としての国家による種々な社会福祉政策の導入を促進した。これによって生存水準や貧乏線の具体的内容は徐々に改善された。このことは必需品の範囲が生存という自然的欲求だけでなく、一国の文化水準を反映した慣習的な社会的欲求を充足できるかどうかによっても決まることを示している。この社会的欲求は、しばしば福祉政策などを通して、その社会での規範として作用する。

重要な点は、ある社会で何が必需品であるかは歴史の産物であるということだ。時間の経過の中で必需品範囲は変化していく。必需品も歴史を持ち、時間経過の中でその内容を変化させる。商品世界の中で贅沢品を必需品の残余と定義するかぎり、必需品の範囲が変われば、贅沢品の範囲も変わることになる。必需品範囲が歴史的にまた地域によって変動するので、その残余カテゴリーとしての贅沢の範囲も揺れ動き、ファジイになるのである。

1-5 必需─贅沢ダイナミクスは複数経路で生じる

▼必需品と贅沢品の境界過程

必需品との関連で贅沢品を設定する場合のファジイさは、必需品と贅沢品の境界を揺り動かす必需─贅沢ダイナミクスによって生じている。

必需品と贅沢品は商品世界を二分する。商品世界とは、国、地域のような社会で生活のために入手可能なすべての商品の集まりである。「入手可能な」とは選択対象として実物的に存在し、財力さえあれば購買可能だという意味である。商品世界の特徴は、必需品と贅沢品の境界が時の経過につれて歴史的に揺れ動くことにある。境界が変われば、それぞれに含まれる商品の集まりが変化する。この揺動《ようどう》の過程を必需─贅沢ダイナミクスと呼ぼう。

必需─贅沢ダイナミクスは、図1－6の矢印で示す経路に沿って生じる。これらの経路に沿って、必需品や贅沢品のカテゴリーに含まれる商品の集まりが変動する。過程としてみると、これらの経路は基本的には二種である。ひとつは新製品登場による過程である。新製品とはその社会にとっての新しい製品であり、技術革新によるものだけでなく、新しい輸入品も含んでいる。それは特定社会でそれまで入手可能であった商品世界を変動させる。もうひとつの経路は、

図1−6　必需−贅沢ダイナミクスにおける経路

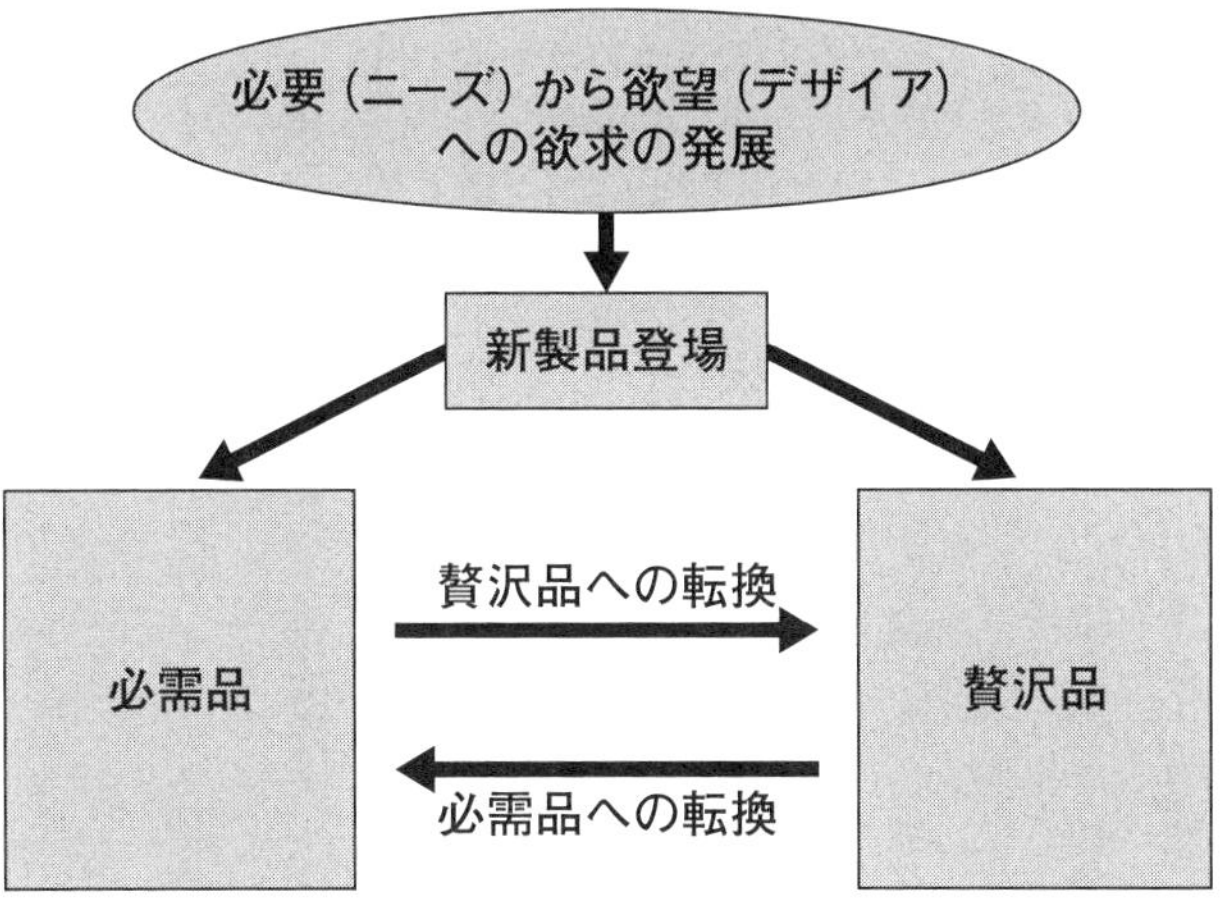

既存の商品世界での必需品と贅沢品との間の相互転換過程である。ある時点の必需品が他の時点で贅沢品になり、同じように贅沢品が必需品に転換する。

特定社会での商品世界は歴史的に変化してきた。人々が生活に使う商品の集まりは、全体としてみても変化している。それまでその社会で使われたことのない製品、つまり新製品が次々に到来するからである。その到来はまず主として他国との交易の拡大によって生じた。近代以前では、交易の拡大に加えて、領土拡張や植民地化も新製品到来の重要な契機であった。たとえば、ローマ帝国の領土拡張や、15世紀から17世紀にかけての大航海時代には、多くの新製品が西欧に到来した。近代以降では、他国との交易に加えて、企業の技術革新による新製品開発が新製品登場のますます重要な動因になった。

▼必要(ニーズ)から欲望(デザイア)へ高度化

これらの根底には、他の動物とは異なる人間欲求の特殊性がある。他の動物と同じように、人間生活は生存に必要な必需品の確保から始まった。人間以外の動物はその生存目的を達成できれば、それ以上は求めない。しかし、人間は生活をより快適にするために、生存に必要な以上のものを求めてきた。これは他の動物とは異なる人間の本性である。[*16]

生活の快適さ向上のために、人間には協働作業が必要であった。このため、人間は家族から村落、都市へ、そして国家へと、集団規模を拡大して社会の人口を増やしてきた。そして生産力向上のために、採集、牧畜、農耕、商業、工業、さらには複合的な産業へと、生産様式を進化させてきた。これに伴い、社会的分業が進み、その程度は生産物を受け入れる市場の範囲に依存するようになった。[*17] 市場範囲を拡大するため、交通を発展させてきた。

この経済発展によって、とくに先進的な社会はその人口の生存に必要な水準を超えて、必需品を生産できるようになった。しかし人間はそれだけに満足しなかった。欲求内容に必要(ニーズ)だけでなく、欲望(デザイア)の充足が加わったからである。必要(ニーズ)とは、必需品への欲求である。経済発展はなによりも欲求保持者としての人間を変えた。必要（ニーズ）が充足されてしまうと、新しい欲求としての欲望（デザイア）が生まれた。欲求内容を必要から欲望へ高度化させていくことは、とくに経済発展国では人間の本性にもなった。

必要（ニーズ）と欲望（デザイア）はどのように異なるのだろうか。必要（ニーズ）と呼ばれる欲求は、必需品への欲求だから製品カテゴリー的であり一般的である。食べ物、住まい、あるいは衣服が欲しいなど、一般的なカテゴリーのかたちで表現される。これに対して、欲望の特徴は各人の嗜好により欲求内容をより詳細に特定化する点にある。*18 食べ物であれば、ラーメンが食べたい、寿司が食べたいというような選好のかたちで表現される。生活が向上すればするほど、この特定化はより詳細になっていく。この点での欲望の強まりは、新製品希求の主要な動因である。欲望はその社会でヨリ裕福な人々の間でヨリ早く発展した。

▼必需品と贅沢品の相互転換

ある社会の商品世界が一定であるとしても、必需‐贅沢ダイナミクスが生じる。必需品と贅沢品の間で相互的な転換が生じるからである。

必需品から贅沢品の転換事例から見てみよう。まずススキ、ワラ、ヨシなどで葺いた茅葺きの屋根がある。古代よりこの種の屋根は住を支える必需品であった。20世紀の中頃まで日本の農家のほとんどはこの種の屋根を使っていた。近時では農村の過疎化、防災法の規制、トタン屋根の普及により、茅葺きの家屋のほとんどは姿を消した。茅葺き屋根は風情があり、現在でも茶室などに使うことがある。しかし、素材や職人の不足により、この種の屋根は贅沢品になった。

衣服には紬《つむぎ》の事例がある。絹の細糸に撚《よ》りをかけて織る。鈍い光沢と表面にできる小さいこぶによって独特の風合いができる。古くから普段着や野良着としても利用され、丈夫であるから数世代にわたり使用された。しかし、現代では織るのに手間がかかることや、生産者の不足などによって、紬の着物は趣味人を喜ばせる高級衣服の仲間入りをしている。数の子もかつては庶民の食卓に乗り、多くとれた時には畑の肥やしにさえ使われた。しかし現在では贅沢食材のひとつになっている。釣り竿も魚を捕るための必需品であり、多くの家庭が持っていた。しかし、現代では魚釣りは贅沢なレジャーにもなり、そのさいのハイテクを利用した高価な釣り竿は贅沢品になっている。

しかし、必需-贅沢ダイナミクスとしては、贅沢品から必需品への転換の方が重要である。経済発展によりある時期に贅沢品であったものが、時の経過とともに必需品になる。現在の発展国では、砂糖、胡椒、アルコールなどは贅沢品ではなく、むしろ多くの人はそれらを必需品と見なしている。しかし、ヨーロッパでも砂糖は16世紀以前では、また胡椒は17世紀以前では

図1−7　耐久消費財での贅沢−必需転換の事例

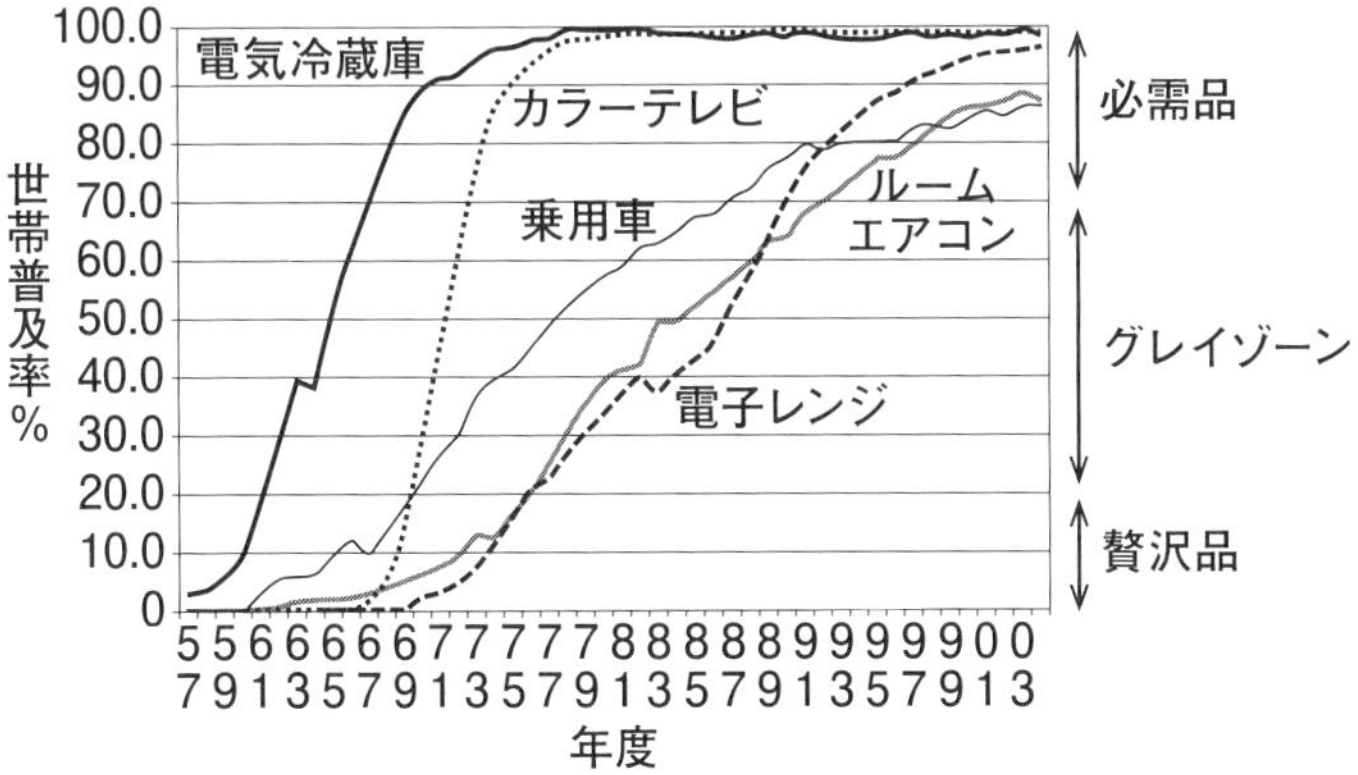

データ源：内閣府、「消費動向調査」

贅沢品であった。メディチ家の令嬢カトリーヌは16世紀にフランス国王に嫁ぎ、フランス食文化の発展に貢献した。彼女の時代ではアルコールはまだ贅沢品であった[*19]。

近代以降ではこの種の転換はヨリ劇的に行われる。その代表的な事例は、高度経済発展をした日本における、図1−7に示すような耐久消費財の普及である。世帯普及率が20％未満を贅沢品、70％を超えると必需品になると仮に設定すると、経済発展国ではこの転換は比較的短期間で進行する。所得の上昇と、市場拡大に伴う価格低下がその主要な原因である。普及率が20％から70％の間にある期間で、当該製品が贅沢品かどうかを問えば、「それほど贅沢ではない」、「どちらとも言えない」、「やや贅沢」、「かなり贅沢」といった、ファジイな回答が多くを占めるだろう。これは必需‐贅沢ダイナミクスによるカテゴリー転換が進行している期間である。

大衆の「生活の豊かさ」感は、必需品が有り余るほどあるということよりも、むしろ贅沢品に多かれ少なかれアクセスできるようになったことに関連している。現在では図1－7に示すような製品を持っていない世帯があれば、多くの人がその世帯を貧乏と見なすだろう。時代によって必需品の範囲も変わり、それに伴い貧乏といわれる生活水準の内容も変わるのである。当然に何が贅沢なのか、その社会通念も歴史的に変動する相対概念である。贅沢願望が消えないかぎり、贅沢観の水準は絶えず上昇していくだろう。

1-6 贅沢のファジイ特性はダイナミクスの投影である

▼贅沢の静止画はピンぼけする

特定の短い期間で、ある地域で何が贅沢かを問うとしよう。具体的な作業としては、消費者を対象に贅沢品のサーベイを行い、そのデータをもとに贅沢の本質的特徴を確定しようとするなどである。これはいわば写真のように贅沢の静止画を撮ることに等しい。仮説的な贅沢属性が設定できたとしても、それによる贅沢像はかならずその境界がファジイな多様体として現れる。贅沢品として確定的に分類できる製品だけでなく、その判断に迷う多くの製品が出てくる。写真でいえば、これは贅沢像のいわゆるピンぼけである。

ピンぼけが発生する理由は、贅沢が多様体であるだけではない。それが絶えず運動の過程にあるからである。贅沢品かどうかは歴史的な時代によって変わる。このような長期的な変化だけでなく、現在のような短い期間を取り上げても、その中で贅沢という言葉の指示対象はめまぐるしく変わっている。とくに現在のマスコミやマーケターの広告メッセージでは、贅沢について言葉遊びが盛んである。これが贅沢品の内容変化を加速している。プチ贅沢などというのはその一例にすぎない。

何が贅沢なのか、その内容は河の流れのように絶えず入れ替わる。古代ギリシャの哲学者ヘラクレイトスは、万物流転の思想で有名である。彼はそれを「同じ河に二度入ることはできない」[20]と表現した。そこを流れている水は絶えず変わっているからである。日本でも鴨長明は、「ゆく河の流れは絶えずして．しかももとの水にあらず」[21]と語っている。この河の流れのように、贅沢の内容も変わっていく。これは贅沢が流れと同じく運動体だからである。

マーケティング研究者などは特定の時点や地域での調査をよく行う。そのデータにもとづく贅沢コンセプトの構築は、この贅沢流についていわば写真であり静止画である。動的なものの写真であるから、時間が経過すればそれはすぐに改変しなければならない。理論の要件のひとつがその妥当性の時間持続性であるとすれば、「いま」しか妥当しないものは理論の名に値しない。贅沢の静止画は、贅沢の一コマにすぎず、運動体としての贅沢を解明するさいの素材を提供しているに過ぎない。

多面的に運動しているものを特定の短期間で捉え、静止画で固定しようとすれば、ピンぼけが発生してその全体像がファジイになる。逆に言えば、贅沢コンセプトがファジイであるということ、これは何よりも贅沢が贅沢流とでも呼ぶべきひとつの運動体であり、それによって生み出されるダイナミクスに支配されていることを示している。ファジイであること、それはダイナミクスの投影である。贅沢の全体像は運動体、つまり贅沢流としてのみ捉えることができる。

▼贅沢はなぜ動くのか

贅沢が運動体になる理由は何だろうか。それは贅沢が人間の欲望を背景に、消費ユートピアを求めるその生き様の先端部分を克明に表現しようとするからである。この生き様は、生活環境構造と相互作用しながら展開される。生活環境とはきわめて総括的な概念であり、人間生活の営みを支える物質的、経済的、社会的、文化的な諸条件の総体である。社会が発展すればするほど、その内容は多岐にわたる。若干の例を挙げれば、社会インフラ、法律、財力など経済条件、利用可能な商品世界、職業、性差、年齢、居住地、社会的役割関係、社会的・文化的な規範などがあろう。

生活維持のためこれらの諸条件を利用するにさいして、人間は社会的分業を行い協働作業を遂行するために、多様な関係性を発展させてきた。この関係性はしばしば恒常的な関係にまで発展する。生活環境構造とは、この恒常的な関係の総体である。その実体内容は社会で定められている種々な制度や組織などである。基本的な具体例だけでも、法制度、性差（ジェンダー）、年齢階層、人口の地理分布、所得・職業でできる社会成層、教育制度、企業組織、生産・流通構造など多様に拡がる。

消費様式のひとつとしての贅沢は生活環境構造の中で遂行される。この遂行にはふたつの側面がある。ひとつは構造制約の下での遂行である。たとえば社会階層に対応した贅沢が遂行されるとすれば、その行為はある一定の社会階層を維持するという意味で構造維持的である。しかし、贅沢行為はつねに構造の指示に従うとは限らない。たとえば産業革命期のブルジョアのような新興勢力が上位階層の贅沢を模倣し始めると、この点で社会階層区分が溶解し始める。この場合、贅沢の変化は新しい社会階層を発生させる契機になるかもしれない。この点では構造発生的である。

ほとんどの人間は絶えず生活向上を求めている。贅沢は人間のこの情念をもっとも先鋭的に表現しようとする社会現象である。贅沢への欲望を誘因にして、生活環境構造は歴史的に変化してきた。贅沢行為はこの変化を敏感に先取りしていく。贅沢は人間の生き様をもっとも先端的に表現している。社会における贅沢がひとつの運動体として、つまり贅沢流として現れる理由は、贅沢が生活環境構造の申し子であるとともに、新しい構造の生みの親にもなるというダイナミクスを含んでいるからである。

1-7 贅沢の法則とは何か

▼動きのパターンを捉える

贅沢流の動きをそのまま捉えようとすれば、多様に変化して捉えどころがない。せいぜいのところ変化の断片を捕捉できるだけである。河の流れや雲の形状・色彩、雨などの動きをそのまま捉えようとすると、捉えどころがないのと同じである。しかし、運動体の動きはまったくランダムで混沌としているのだろうか。規則性がなく知識を蓄積できないのだろうか。かならずしもそうではない。要は運動の規則性を、どのようにどこに焦点を当てて、捉えるのかという問題である。

本書では贅沢流の動きのパターンに焦点を合わせよう。一般的に言えば、パターンとはかなりの期間にわたり繰り返し現れる動きのかたちである。パターン概念の具体例として、雨のパターンを取り上げてみよう。日本の風土は四季の変化に富み雨も多い。雨のパターンも多いから、日本語にはそのパターンを識別するため、雨に関わる多くの言葉が発達した。小糠雨《こぬかあめ》、菜種梅雨《たねづゆ》、春雨《はるさめ》、五月雨《さみだれ》、夕立《ゆうだち》、時雨《しぐれ》、氷雨《ひさめ》、村時雨《むらしぐれ》などはその代表例である。

雨の降り方は、降る季節、時間帯、持続時間、降雨量とその時間的変化、雨の温度などといった動き側面がある。パターンはこれらの動き側面の組み合わせである。それは動きの類型であると言っても良いだろう。たとえば、春先にしとしと降る雨は小糠雨であり、冬にひとしきり強く降って通り過ぎていく雨は村時雨という。雨は多様な運動体であるが、その動きにはいくつかのパターンがある。運動体としての贅沢にも、動きの側面を組み合わせたパターンが存在するのではないだろうか。

▼贅沢パターンを捉える視座

贅沢のパターン知識を蓄積するには、そのための視座がいる。図1－8がその概略である。

図1－8　贅沢パターンの生成

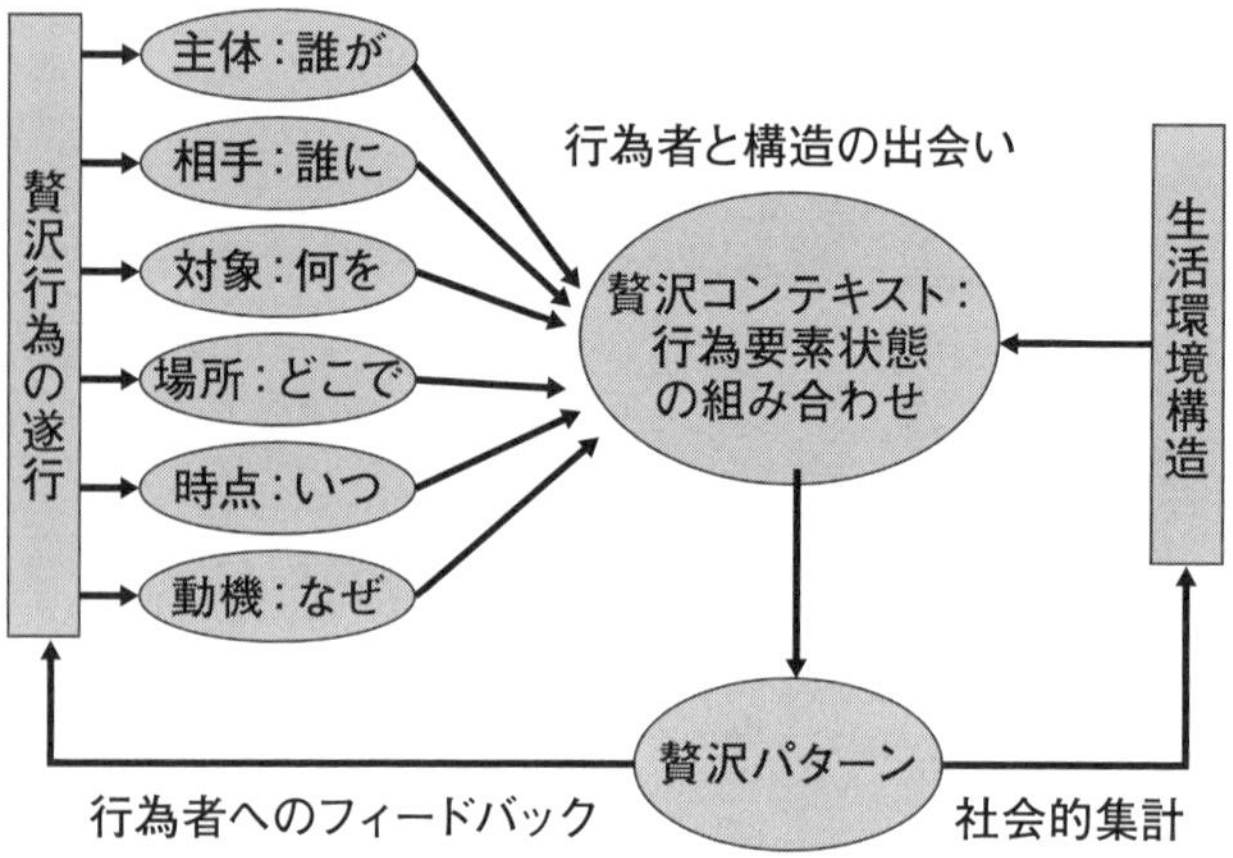

この図は贅沢パターンが贅沢コンテキストを場（フィールド）として生まれることを示している。贅沢コンテキストは消費者のような行為者がその生活環境構造と出会う場である。ここから種々な贅沢パターンが生まれる。贅沢パターンを識別しようとすれば，まず贅沢コンテキストに注目する必要がある。

贅沢コンテキスト　贅沢コンテキストの概念は，贅沢を消費者の社会的行為と見なし，その遂行で生じる出来事として捉える見方にもとづくものである。この見方によれば，贅沢消費などの行為は社会的な出来事を生じさせる。この出来事にはその行為の主体，相手，対象，場所，時点，動機といった側面がある。これらは出来事の要素である。要素の状態は多様に指定できよう。たとえば贅沢行為の主体について、その性別、年齢、社会階層、所得階層、居住地や、あるいはそれらの何らかの組み合わせを指定することができる。他の要素の指定も同様である。いずれにせよ、これらの要素の具体的な状態を指定することによって、特定の贅沢行為を記述できよう。

贅沢コンテキストは、平たくいえば贅沢行為が遂行される場であり情況である。キャリア女性が贅沢するのはどのような情況かを問えば、彼女の贅沢コンテキストの具体像が浮かび出てくるだろう。たとえば丸の内界隈の一流銀行に勤めるキャリア女性は高い収入を誇るが自由時間が少ない。彼女たちの贅沢のひとつは高級飲食店での仲間とのグルメである。こうして週末に仲間数人と丸の内のフカヒレ専門店、筑紫樓へ繰り出し、仕事の話やストレス解消に時間を忘れることになる。この事例で贅沢コンテキストは、一流銀行のキャリア女性（主体）、仕事仲間（相手）、フカヒレ料理（対象）、場所（超一流飲食店）、週末（時点）、仕事情報交流とストレス解消（動機）などからなる。

行為者と環境との出会い　贅沢コンテキストは、贅沢行為者（消費者）が生活環境構造と出会う場でもある。生活環境構造はいわゆる社会・経済・文化の構造を包括しているから、これらの構造とも出会う場である。「出会う」とはどういうことなのか。その内容は贅沢コンテキストを構成している出来事要素の状態の範囲がこれらの構造によって制約されているということとである。

たとえば主体のカテゴリーの種類は、社会階層や所得階層になって制約されている。封建制が消滅すれば、社会階層で王侯・貴族といったカテゴリーは存在しなくなる。また対象となる贅沢品のカテゴリーもその社会でアクセス可能な商品世界の制約を受けるだろう。他の出来事要素についてみても、生活環境構造によるこの種の制約がある。このような意味で贅沢コンテキストは、贅沢行為者としての個人がその生活環境構造と出会い相互に影響しあう場である。

出来事要素間の関連 贅沢コンテキストを注意深く観察すれば、いくつかの出来事要素状態が相互に強く関連していることを発見できるかもしれない。たとえばキャリア女性には週末に仲間とのグルメ贅沢を楽しむ人が多いといった関連である。この種の関連が贅沢パターンである。社会的行為としてみると、贅沢には、主体（誰が贅沢するのか）、行為種類（率先者か模倣者か）、行為対象（どのような贅沢をするのか）、行為相手（誰に向かって贅沢するのか）、行為動機（贅沢の動機は何か）といった要素がある。贅沢パターンとは、これらの要素の状態のうちで、相互に強く関連しているような組み合わせである。

贅沢パターンの知識に高めるには、このようなパターンがどのような生活環境構造を背景に持っているのかを確認しなければならない。この確認は問題になる出来事要素のカテゴリーの根底にある生活環境構造を検討することにより行うことができよう。

いずれにせよ、贅沢パターンは個人においてはフィードバックされる。このフィードバックの焦点は、特定の贅沢パターンがその個人の贅沢動機を満足させたかどうかである。満足させるならば、その種のパターンはその後も繰り返し遂行されるだろう。一方で、個人の贅沢パターンは社会的にも集計される。同種の贅沢パターンを採用する人が多くなっていくと、その集計結果が生活環境構造そのものを変化させていくかもしれない。大都市の中心部に女性を標的にする高級レストランが増加する。このような都市商業構造の変化はその種の構造変化の一例である。

1-8 現在の贅沢では異なる時間層で働く贅沢法則が作用している

▼パターンの歴史的起源

現在の贅沢世界では、種々な樹齢の木々が錯綜する手つかずの森のように、多様な贅沢パターンが錯綜して混在している。その生誕時期から見ると、現在の贅沢パターンにもきわめて長期間にわたり繰り返されてきたものがある。たとえば、贅沢によって生活美学を追究する。このパターンは人間の文明史とともに始まっている。他方で、この数十年間でマーケターの広告によって作り出された、プチ贅沢のような幼いパターンもある。異なる時間層を流れている多様な贅沢パターンが相寄って現在の贅沢世界を構成している。

現在の贅沢世界の動きは、どのようなパターンに支配されているのか。それを識別するには、各パターンの歴史的起源の確認が必要だ。そのパターンがいつ頃から発生したか、なぜその時期に発生したかを問う。そうすれば、そのパターンを発生させた生活環境構造の特質も捉えることができよう。その特質はパターン発生の基本的な原因条件を示すことが多い。何が原因条件になって、そのようなパターンが生まれるのか。その因果メカニズムはどのようなものか。このような因果理解にもとづくパターンの識別が知識創造に重要である。この種の理解がなければ、パターン知識を過去の説明や将来の予見に使えないからである。

パターン識別を容易にするため、本書では贅沢パターンをそれが生まれた経済発展段階に対応させて、古典法則、近代法則、現代法則の三種に分ける。経済発展段階に注目する理由は、それが生活環境構造の主要な決定因だからである。作用している期間からいえば、古典法則はきわめて長く長期持続的であり、現代法則の作用期間はまだ短く、近代法則はそれらの中間にある。これら三種の法則は異なる時間層で作用している。

▼経済発展段階の区分

経済発展の段階をどのように区分するのか。経済発展には量と質のふたつの側面がある。量的側面は経済成長であり、現代風にいえばGDPなど社会の富が増加していく。質的側面は経済成長を支える種々な経済・政治・文化などの構造的変化である。構造的変化は戦争、政治革命、技術革新などによって起こる。この変化は特定時期に断続的に起こる傾向がある。これを反映して経済成長も一定の漸進的な変化だけでなく、転換点を境にして急激な上昇や低下を伴うことがある。このため、経済発展の区分にはいくつかの考え方がある。

たとえば、従来大きい影響力を持った二種の段階区分を取り上げてみよう。マルクスは、おおむね原始共同体、古代奴隷制、封建制、資本主義、社会主義、共産主義などに区分した[*22]。後のふたつの段階は将来についての彼の予見であった。これは生産力と生産関係を基盤にした彼の革命理論を支える唯物史観であった。それから百年以上もたち米ソ冷戦がたけなわの頃、ロストウは副題に「一つの非共産党宣言」と付けた別の時代区分を発表し、資本主義の優越性を示そうとした[*23]。ロストウは経済成長を焦点に置き、伝統社会、過渡期、離陸期、成熟期、高度大衆消費時代などに区分した。この区分で、離陸とは経済成長が始まる転換期である。ロストウの予見によれば、資本主義は高度大衆消費社会に向かって永遠に続くというものであった。

これらの発展段階区分は、とくに最終段階の予見に関して、政治イデオロギーに染まっている。本書ではこの部分を無視し、体制に関わりなく生じた経済発展を贅沢の法則との関連で3

表1−3　贅沢の法則と経済発展段階

贅沢法則	生成した経済発展段階とその特徴
古典法則	伝統社会： ◆産業は自給自足型農業が中心で、ゼロ成長 ◆王侯・貴族を頂点にした身分階層社会で、富は上位集中 ◆経済原則は一定の収入水準に満足する生業指向
近代法則	経済成長への離陸期： ◆商品・貨幣経済の普及、商業・工業などの産業発展により経済成長が始まる ◆成長の担い手は企業家精神を持ち、その富力増加によって中間階層形成が進み、固定的な身分階層社会が崩れ始める ◆最大限利益追求が経済原則になる
現代法則	大衆消費社会： ◆サービス化、国際化、情報化などにより高度成長を挟んだ安定成長が続く ◆成長の担い手は大企業幹部、知的労働者、ベンチャー企業経営者、芸能人など多様化し、彼らを中心に高所得者が登場。一方、国民一般の所得水準の上昇で大衆の自由裁量所得も増える ◆家族よりも個人が消費主体になり、仕事より消費に関心を持つ大衆が増える

つの段階に分けよう。「伝統社会」、「成長への離陸期」、そして「大衆消費社会」である。それぞれの段階の特質は表1－3に要約されている。

古典法則は伝統社会で、近代法則は経済成長への離陸期に、そして現代法則は大衆消費社会で生成したものである。重要な点は、発生時期こそ異なるが、いずれの法則も現在でも作用しているということである。その相違は作用期間の長さである。経済発展段階の特質がこれらの法則の生成に深く関わっている。この表は贅沢の法則についての以下の議論のマップとして役立つだろう。

各法則を生み出した経済発展段階のコンセプトは理論概念である。この意味はふたつある。ひとつは、特定国や西欧、アジアなどの地域を前提にすれば、各段階を具体的な歴史年代に対応させることができよう。しかし、国際比較の視点に立てば、国家間で経済発展は不均等である。ある特定の歴史年代で発展段階の異なる国が並存している。だからグローバルに発展段階を、何世紀から始まるというように、歴史年代に対応させることはできない。

第二に、特定国や特定地域を前提にしても、発展段階は特定歴史時点を境にして明確に区分できるわけではない。ある段階と次の段階は、いわば虹の7色のように階調的に重なり合っている。だから特定の歴史期間で見ると、伝統社会の特質と経済成長段階の特質が階調的変化を伴いながら混在することになる。表1－3に示した発展段階とその特質は、三種の贅沢法則を識別するために設定された理論概念である。

▼三種の法則の関連

古典、近代、現代という三種の法則は、すべて現在でも作用しているという点で同じである。しかしその生誕時期の経済発展段階は異なる。歴史時間からいえば、古典法則がもっとも古く、現代法則がもっとも新しく、近代法則がその中間に位置している。したがって法則の作用期間からいえば、古典法則は長期持続的であり、現代法則は短期的であり、近代法則はその中間にある。その三種の法則誕生の歴史過程の全体像は図1－9に示されている。

経済発展の各段階で新規形成されたり、あるいは前段階から存続しているパターンは、次の発展段階になると消滅する部分と存続する部分がある。古典法則は伝統社会で生成した贅沢パターンの中で現代でも存続しているものである。同じように、近代法則は経済成長への離陸期に生成した贅沢パターンの中で、現在でも生き残っているものである。古典法則と近代法則は現代法則とともに、現在における贅沢世界の全体を構成している。それは長い歴史の重層的な構成である。

3つの法則間でのもっとも大きい相違は、それを創成した贅沢人のタイプである。古典法則を創成したのは、王侯・貴族など上流階層に属した人々であった。近代法則の創成を主導した

図1－9　贅沢法則の歴史過程

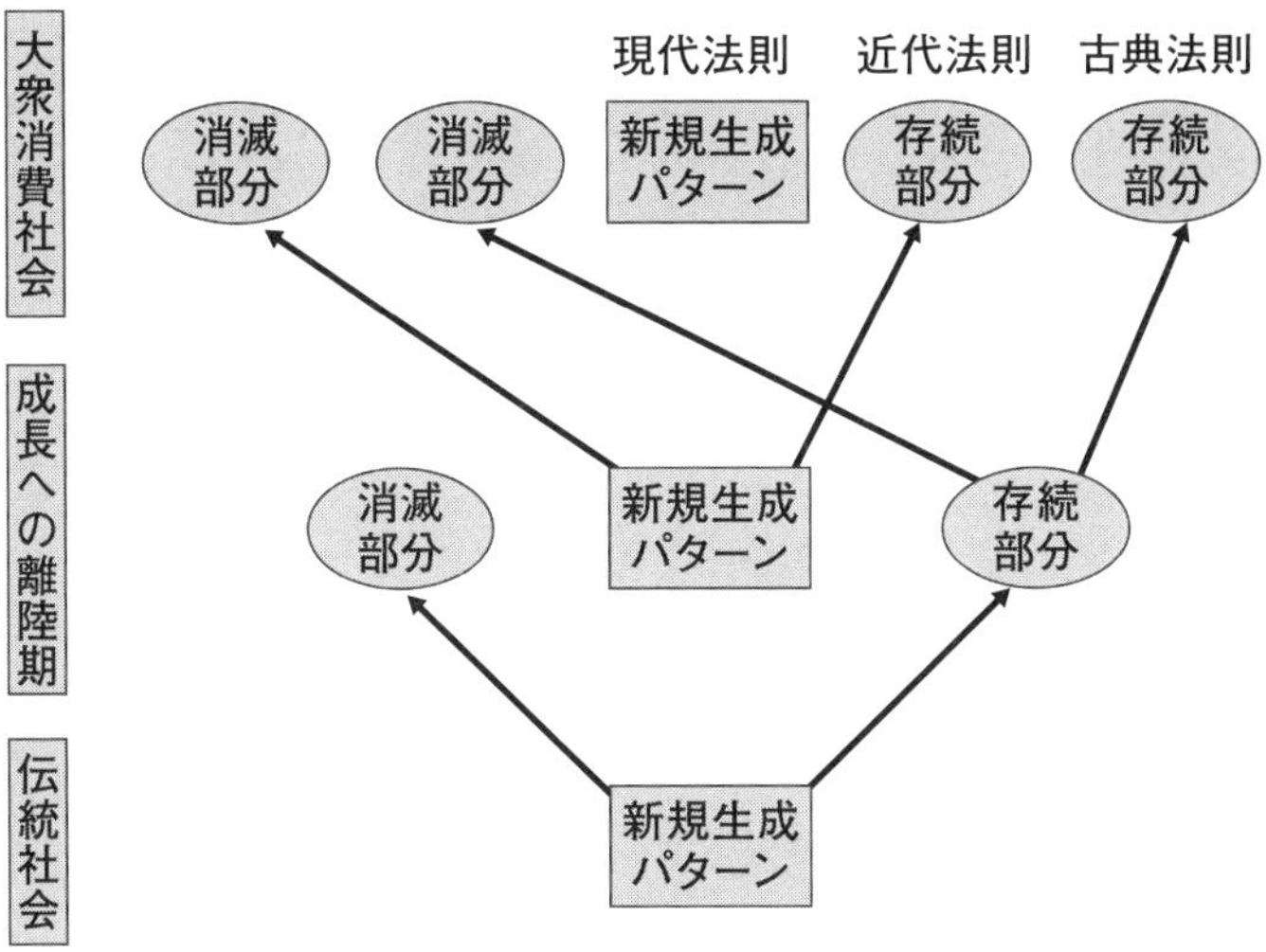

のは、ブルジョアという用語で総称される新興中間層である。具体的にいえば、医師、弁護士、技術者など知的専門家、商人、工場主、熟練職人や工芸家などからなる。近代が進むにつれて、多様な企業家とその幹部がこの中間階層に加わっていった。現代法則の生成の担い手は自由裁量所得を手に入れた大衆である。彼らは家族型消費よりも個人型消費を重視する。性差、年齢差などに関係なく、個人の趣味・嗜好に従い行動しようとする。カジュアル・ファッションなど、ヨリ上位の階層にも採用される贅沢パターンを生み出しただ

けでなく、大衆独自の贅沢パターンさえ生み出した。

時代を経るに従い、3つの法則は地層のように積み重なり、領域によっては融合し始める。それを促進したのは贅沢パターンの社会的普及である。王侯・貴族が創成した贅沢パターンは、それ以下の社会階層の羨望の的であった。とくに新興中間階層はそれを積極的に模倣しようとした。これからトリクルダウン（水漏れ）型と呼ばれる普及経路ができた。豊かな大衆消費者は、とくに若者を中心にカジュアル・ファッションなど独自の贅沢パターンを創成した。現代ではセレブと総称される上流階層でさえ、かつては下層労働者の作業着であったブルージーンズを着たり、カジュアル・ファッションを楽しむ。これは下層から上層に向かうボトムアップ型の普及経路である。

このような贅沢法則を実証的に確認するには、どのようなデータがあるだろうか。古典法則や近代法則に関していえば、利用可能な主要なデータは歴史的な事例データである。このようなデータは広く散在している。だから古典法則や近代法則の確認作業は難しい。その作業効率を上げるため、各経済発展段階での贅沢の先端事例や代表事例に焦点を合わせよう。具体的にいえば、古典法則ではローマ帝国、近代法則では産業革命期での英国や仏国、高成長期での米国や日本の贅沢パターンなどが代表事例になろう。現代法則に関しては種々なデータを利用できる。

第2章

贅沢の古典法則

エリート趣味が生み出す贅沢パターン

贅沢の歴史は長い。それは人間が文明社会を作り出してから、本格的に始まっている。この長い贅沢の歴史の中で、長期的に繰り返されて現代まで持続してきた贅沢パターンがある。これが贅沢の古典法則である。書籍などのいわゆる古典は遠い昔に登場した。しかしその後の時代でも繰り返し読み継がれてきた。同じように、贅沢の古典法則も長期持続的であり、現在でも息づいている。

古典法則が現代まで生き残ってきた理由は何だろうか。古典法則は各時代の上流階層によって継承されてきただけでなく、ヨリ下方の階層にとっても憧憬《どうけい》の対象であり、機会があれば模倣の対象になってきた。古典法則が消費ユートピアを目指す人間の本性に深く関わっているからであろう。

贅沢の古典法則は伝統社会で生まれた法則である。伝統社会は大きい変動がないという意味で静態的である。この社会は農業生産を経済基盤とした。人々は王侯・貴族など上流階層を頂点として、固定的な身分により区分された社会階層構造に編成された。貴族など上流階層は贅沢欲求を追求できたけども、それ以下の階層では贅沢を希求しても、財力や身分的拘束によって叶わぬ夢であった。贅沢は人口の数パーセントを占めるに過ぎない上流階層の独占物であった。幸いなるかな富める者よ、禍なるかな貧しき者よ、の世界であった。

農業を主要産業にする伝統社会では、生業指向が経済原則であった。生業とは生活維持のための職業である。各社会階層はそれぞれの生活水準を維持できる物資が獲得できればそれで満足した。たとえば、下層の農民や手工業者はその業務を先例、慣習、伝統に従って行い、生存水準を維持しようとした。上流階層は領国など支配地域からの税収などにより、その地位を社会的に誇示できる生活水準を維持できればそれに満足した。生業経済の担い手の特質は、固定的な目標設定と業務遂行における伝統主義である。これによって長期にわたり変動の少ない静的な社会構造が維持された。

2-1 贅沢は生活美学による快楽を目指す

▼本性的欲求としての生活美学

生活向上を目指す　いつの時代でもいずれの社会でも、贅沢は多くの人にとって消費ユートピアである。経済生活を有終の美で飾れるかどうか、それは贅沢に依存しているからである。

個人の経済生活は、生産・流通などなんらかの業務に職業として参画し、それで得た収入によって消費生活をおくる過程である。この過程はいわばひとつの物語であり、消費がそのフィナーレになる。物語の善し悪しがフィナーレで決まるように、消費でも贅沢できるかどうか、このフィナーレが多くの人々の幸福感を左右してきた。

この意味で贅沢は色欲と並んで、ほとんどの人の本性的欲求になっている。色欲によって子孫を残し、贅沢によって生活向上への想いや考えが生まれる。この想念により人間はその歴史を作ってきた。生活水準を向上させ、ヨリ質の高い生活を手に入れようと努力してきた。そのさい、贅沢欲求が生活向上の推進力になる。贅沢欲求が何よりも生活美学の追究を目指したからである。

生活美学とその領域　生活美学とはどのようなものだろうか。美学は美の存在あるいは不在により人間が感じる関心、喜び、情念などに関わっている。美感は光景、言葉、音楽、色彩、形状、動きについての体感から生まれる。[*1] 美を感じることができれば、多くの人は快適な状態にいたるだろう。生活美学は、生活を取り巻く種々な製品・サービスに美感を感じて快適な状態にいたることである。いわゆる生活向上は生活美学の実現を通じて達成されるものである。

生活での美学領域は広い。従来これらは衣食住に分けられてきた。衣服、食物、そして住居である。しかし、生活手段としてはもうひとつ不可欠なものがある。「遊」と呼ばれる領域である。[*2] 遊は主として居住地以外での人間の非日常的活動に関わっている。生活美学との関連でいえば、遊の主要項目は恋愛、友人・知人との出会い・会話などの社会的交際、スポーツなどレクリエーション、映画鑑賞、観劇、外食や観光、旅行などのレジャーなどである。衣食住に関わる生活手段の多くがモノであるのに対して、遊では交際相手の人間やサービスがその主内容を構成している。

▼美意識とアイデンティティ

多くの人にとって、美の判断力はその人の趣味にもとづいている。そしてこの趣味はその人のアイデンティティから生まれる。人は誰でも自分が何に属しているのか、何者であるかのアイデンティティを持とうとする。アイデンティティとは、社会との対峙における個人の自画像である。近代にいたるまでは一部のエリート層を除けば、普通の人のアイデンティティは社会の中で埋没していた。しかし近代になると、アイデンティティへの意識は多くの人に普及し始める。アイデンティティが明確になれば、個人的な嗜好やセンスが育まれる。生活美学は嗜好やセンスで感じる生活についての美意識である。その追求は長期持続的な贅沢パターンである。

アイデンティティの事例　明治の文豪、森鷗外にはこの種の美学を記した一文がある。「流行」と題して百貨店三越の営業用ＰＲ誌「三越」に掲載した小説である。主人公は明治期の新興知識階級らしい男である。明治維新後、薩長出身者を中心に有能な青年たちが海外留学し、帰国後に高級官僚、実業家、文化人などになって新興知識階級を形成した。この男もおそらくそのような一人であろう。そのアイデンティティは西欧流のダンディ(しゃれ男)である。ダンディズム[*3]は19世紀の英仏で登場したエリート的消費スタイルであった。

男はゴチック様式の柱に支えられた洋館に住む。建物のほとんどは電化され、天井には扇風機が回っている。三越外商で買った衣服をまとい、高精度懐中時計クロノメーターを身につけ、指には大きいダイヤの指輪が光っている。客が来ればハバナ産の葉巻を勧める。朝食と昼食は日本橋の高級料亭や仏蘭西料理店から運ばせ、シャンペンを飲む。夜になると、都心の高級料亭、レストランに足を運んで外食する。それ以外の時はウナギ、天ぷら、寿司、中国料理、そばを食べ、間食としては、しる粉や資生堂のアイスクリームを好む。

この男を取り囲む商品・サービスは「美」という一本の糸で結ばれている。この美とは、愛やそれに似た情念を、個人の心に生じさせるような対象物の性質すべてである。生活美学は生活手段の美に関心を持ち、それを理解することである。これが優れている時、趣味、センス、好みが良いと賞賛される。何が生活美学の対象になるか。たしかにそれにはそれぞれの時代や地域の社会や文化が大きく影響している。ダンディ男の小説に登場する商品・サービスは、明治維新後に急速に流入したいわゆる舶来もの（外国製）であり、三越は東京山手に多く住む新興エリートを主要顧客とする話題の百貨店であった。

個人間の多様性　優れた美術工芸、美しい景観や音楽、あるいは美食対象は、社会や文化が大きく異なる時代や地域を超えて、多くの人を引きつけている。けれども生活美学の根底には個人のアイデンティティがある。同じ時代の同じような社会に住む人間の間でも、各人のアイデンティティは異なる。だから生活美学を根源的に決めるのは、社会や文化よりもむしろ個人である。明治維新の新興知識階級のすべてがダンディを目指したわけではない。自分は一体何者であるのか。このアイデンティティの内容によって、生活手段の美の内容は個人間で大きく変動してきた。生活美学は社会や文化よりむしろ個人のアイデンティティで決まる。しかしアイデンティティの内容は個人間で多様である。

▼心理過程としての生活美学

生活手段の美が生み出す快と愛　しかし、何を対象にするかに関わりなく、贅沢というものが衣食住遊で使う商品・サービスの美を好み、愛《め》で、愛《いつく》しむこと、つまり生活手段の美への愛であることには変わりはない。生活手段の美がなぜそれへの愛を育むのだろうか。美とは何か。学問分野としての美学は審美の世界を議論している。その古典的議論[*4]を参照して生活美学を考えると、生活手段の美がそれへの愛を育むのは、生活での快をもたらすからである。快とは感

図２−１　心理過程としての生活美学

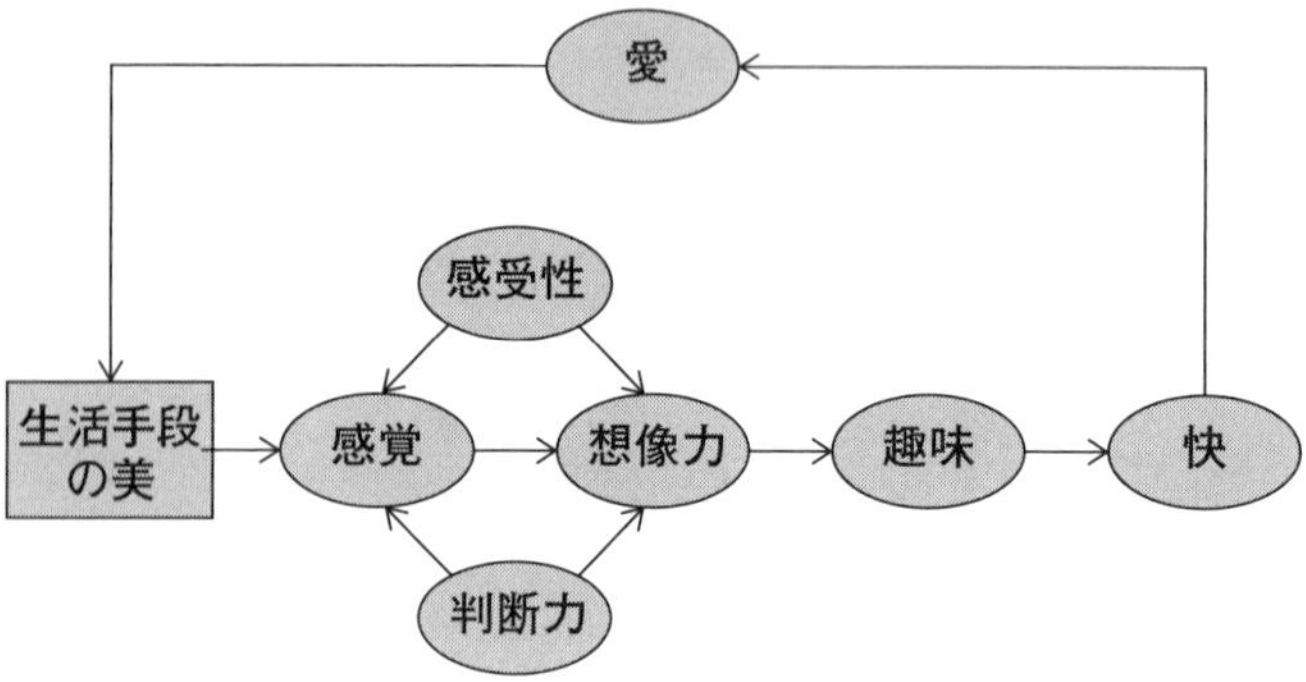

情における心地よさあるいは楽しさなど充実感である。この過程をモデル化すれば、図２−１のようになろう。

生活手段の美は、視覚、聴覚、味覚、触覚、嗅覚など五感によって知覚される。人物や風景の美しい映像、音楽の音色や鳥のさえずり、美食、絹などの優しい肌触り、かぐわしい香水などがこの知覚である。知覚された外界要素は、頭の中で種々な想像力を生む。美人を見た若者は彼女に恋した場合の種々な情況の空想にふけるかもしれない。美しいモデルハウスを見れば、マイホームへの夢が膨らむ。他の感覚要素でも同種の想像が生まれる。この想像力は感覚要素の配列変更であり再構成である。感覚要素とそれにもとづく想像力により、人は快を感じて満足にいたる。そしてこの快がもたらす満足が個々の生活手段の美への愛を育むのである。

美への感受性と判断力　生活手段の美がどのような快を生み出すのか。それは人によって相違がある。ピカソのゲルニカに何の感動もおぼえず、ベートーヴェンは騒がしいだけという人もいる。茶懐石に初めて招待された大食漢が食いたらず、天丼はないかといって女将《おかみ》を驚かせることがあるかもしれない。このような差異が生じるのは、人によって美への感受性と判断力が異なるからである。

茶懐石は眼でも食べるという人がいる。食材の飾り切りや盛りつけ、食材の色と食器の絶妙な色彩調和とそれらに漂う季節感、爪楊枝《つまようじ》さえも素材のクロモジ特有のさわやかな香りがする。これらへの感動が感受性の一例である。感受性は美的対象の直観的な知覚である。

判断力は、同じような美的対象でも、それらの間の差異を見抜く能力である。男性には同じピンクとしか見えないリップカラーも、女性にとっては微妙に異なり、トータルコーディネイトのポイントのひとつになる。同じピンクといっても、たとえばシャネルのリップカラーだけでも百近い種類がある。おしゃれな女性ならば、その多くを見分け、化粧、服装、ヘアメークとマッチさせるだろう。

感受性に欠ける場合には無趣味といわれる。食事は腹一杯になりタンパク質供給ができれば良いと考える人がいる。美食家から見れば、食に関して無趣味である。衣服に無頓着で無趣味な夫の服装を見ると、おしゃれ妻はいらつく。判断力がない場合には、悪趣味だと非難されることもある。いわゆる成金は高価なものさえ身につければそれで良いと考える。その服装は悪趣味の例として小説などに登場する。悪趣味は知性的な弱さや文化的な訓練・修養を欠くことから生じていることが多い。

選好と趣味　感受性と判断力により、個人の選《え》り好み、つまり選好が心理的に作られる。商品選択などのさいには、この選好が選択した商品という形を取って外部に現れる。外部に顕示される選好は趣味と呼ばれる。だから贅沢による生活美学の追究はその人の趣味を反映している。贅沢趣味があれば、商品を贅沢品かどうかに分類することができよう。贅沢趣味は贅沢コードを読み取り、生活美学を知覚・判断する能力に支えられているからである。

贅沢趣味によって、人は美的対象を愛し、それによって生活の快を楽しむ。だから贅沢は生活上の快楽主義といっても良い。これは時空間を超えて、生活向上を願う人間の強力な個人的情念であった。個人的快楽主義は時空間を超える贅沢の古典法則である。それが生み出す悲喜劇は、昔から文学をはじめ多くの芸術作品の題材になってきた。この個人的快楽主義が向かう具体的対象は、「蓼《たで》食う虫も好き好き」の世界を浮遊して、贅沢内容の個人間多様性を生み出してきた。しかし、それらは生活美学という一本の糸で結ばれている。

2-2 富と趣味の出会いから贅沢が生まれる

▼富（財力）と贅沢は同じか

贅沢は多くの人の願望対象である。しかし誰でも贅沢できるわけではない。どのような人、社会階層、国が贅沢できるのか。贅沢の主体を贅沢人と呼ぼう。贅沢人は個人、社会階層、国など異なる集計水準で捉えることができよう。取りあえず個人レベルを念頭に置いてみると、贅沢人になるための主体条件とは何だろうか。

従来、贅沢人の主体条件として富あるいは財力が注目されてきた。個人的な富はその人の所有する財の総量であり、財力はこの富を獲得する能力である。一般的には、生活維持に必要な水準をはるかに超える富や所得を持つ時、その人を富者《ふしゃ》という。富は人に欲しいものを獲得できる能力を与える。富があれば高額品でも入手することができよう。市場経済が支配しているところでは、あらゆる製品は売買取引を通じて、貨幣との交換で獲得することができる。富者は何に使ってもよい自由裁量所得が高い。

富は多様な形で存在しているが、それらが動員できる貨幣量によって集約的に表すこともできよう。だから金持ちは富者の代名詞になった。富やカネ（貨幣）は贅沢と同じコインの裏表のように見なされてきた。もし貨幣と贅沢が同じメダルの表裏であるとすれば、贅沢人が金持ちであるだけでなく、逆に金持ちもかならず贅沢人になる。実際にこの考え方は時代を超えて長期間にわたり生き残ってきた。この点を暗示的に示しているのは日本語の贅沢という文字そのものであろう。

▼会意文字としての贅沢

物集《もずめ》高見の「広文庫」は、主要な用語について明治時代前のどのような文献に現れるかを調べた全20巻に及ぶ類書（百科事典）である。これを見ても贅沢という用語は現れない。また国会図書館のデジタル図書を検索しても、贅沢が現れるのは明治の中頃以降になってからである。明治以前では、贅沢という文字はほとんど使用されなかったと判断しても良かろう。

贅沢という用語が現れた早期の文献に、坪内逍遙《しょうよう》の「当世書生気質」がある。近代小説の手本として彼が1886年に発表し、当時の学生・書生の風俗を描いている。その中に、「将来大《おお》いに為すあらんとする学生の身には、……贅沢なる奴との御叱責を蒙候哉《こうむりそろや》も難図候《はかりがたく》へども……[*5]」という贅沢を含む一文が出てくる。注目すべき点は贅沢が非難の意味合いで使われていることである。非難点は学生の身分には過ぎるという点にある。

贅沢という漢字はおそらく明治以降に現れた会意文字であろう。会意文字は象形文字や指示文字を合成して新しく作る漢字である。贅は「貝」と「敖」を組み合わせている。「貝」は貨幣としても使われた宝貝の貝である。「敖」は音では「ごう」、訓では「おご」ると読む。敖と貝を併せると、おごるほどのカネがあるという意味になる。「沢」は水たまりを意味し、訓では「うるおい」と読む。贅沢という漢字が表意しようとしているのは、おごるほどカネがあり、うるおっているということである。

贅沢という会意文字の背後にある贅沢観の特徴は、贅沢と潤沢なカネを同じコインの表裏と考える点にある。そして富のあることを「奢《おご》っている」点に、贅沢に対して世間が抱く価値意識がある。これは贅沢の狭義語として奢侈《しゃし》、驕奢《きょうしゃ》、豪奢《ごうしゃ》などがあることに明らかである。近代にいたるまで、わが国で贅沢という用語に非難的トーンが強かったことはここに由来する。

▼富は贅沢の十分条件ではない

たしかに、富は贅沢の必要条件であろう。すべての贅沢人は富を持っている。どの贅沢品をとっても高価である。しかし逆はかならずしも真ならず。富があればかならず贅沢人となるわけではない。高額品を作ればかならず贅沢品になるわけではない。富は贅沢の十分条件ではなく、また富と贅沢は同じメダルの表裏ではないのである。この点は贅沢と富（貨幣）との重要な関係を示している。

贅沢では生活美学を追究する。人はその趣味を通じて美的対象を愛し、それによって生活の快を楽しむ。贅沢には具体的な製品で囲まれた生活像があり、多元的である。その姿は人それぞれの趣味により個性的である。これに対して貨幣はどうか。貨幣は富の価値を抽象的に数量として表す尺度である。貨幣はどんな製品とも交換できるという一般的関係において、生活を支える製品と結びついているに過ぎない。貨幣そのものは数量だけであり、何らの質的内容をも含んでいない。そこには何らの生活臭もない。貨幣は富の大小を数量に単次元化して、抽象的にその価値を表しているだけである。[*6]

ミダス王とアルパゴン　古来、黄金はその材質により、貨幣と同じような機能を果たしてきた。しかし、黄金そのものはいくらあっても具体的生活とは関わりがない。ギリシャ神話に現れるミダス王の物語[*7]はこの点を端的に示している。ミダス王は富と贅沢を追い求めて、自分の触れる物はすべて黄金に変えて欲しいと神に願った。願いを叶えられたミダス王の触れる物は、食物も飲み物も触れたとたんに黄金に変わってしまった。ミダス王は黄金に取り巻かれるが、生活自体ができなくなり後悔することになる。

守銭奴という言葉が非難的な意味合いで使われることも、ミダス王の物語と同類である。貨幣は生活に必要な製品を獲得するための手段である。しかも、貨幣は一般的な価値物であるから、どのような製品とも交換できる。このため、生活手段であるカネの追求・蓄積それ自体が目的化する。守銭奴とはこの種の人物像であり、貨幣を貯め込むことだけに執着する。守銭奴のライフスタイルは単色であり、生活の彩りがない。フランスの作家モリエールはその人物像を、喜劇「守銭奴」[*8]の主人公アルパゴンによって描写して見せた。

富、あるいはその集約的手段としての貨幣は贅沢人になるための必要条件である。生活美学を実現するためには、それに必要な製品を獲得するための貨幣が必要になる。しかし、重要なことは、貨幣それ自体は何らの生活美学も作り出すわけではないという点である。ミダス王の物語や守銭奴の生活はこの具体事例である。それでは贅沢人になるには、貨幣以外に何が要るのだろうか。

▼富と贅沢趣味の結合

比喩的に言えば、贅沢はいわば生活美学を追究する一連の行為や出来事を含んだ物語である。貨幣は贅沢物語のあらゆる素材を一定価格で指示できる。だから貨幣は贅沢物語を作るいわば語彙といえよう。しかし語彙だけで物語はできない。語彙を整序して意味ある文にしなければ物語は語れない。このためには語彙としての貨幣を文にする文法が要るのである。平たく言えば、文法とはカネの使い方である。この文法が生活美学を物語るのである。この文法は個人の趣味によって形成される。

趣味は商品選択などの機会に外部に顕示される個人の選好である。贅沢趣味は生活美学を彩る種々な美的対象への感受性と判断力にもとづいている。贅沢趣味は文化を反映した種々な贅沢コードを読み取って、多様な贅沢品を具体的に詳細に指示する。貨幣が価格によって製品価値の大きさをたんに数量的に客観的に指示するのに対して、贅沢趣味による製品の指示は贅沢コードを詳細に示している。その指示の特徴は映像的であり、多元的であり、個性的であり、主観的である。富と趣味を兼ね備えること、これが贅沢人の必要十分条件である。

2-3 贅沢は社会的地位の伝達媒体になる

▼贅沢の社会的効用

社会的地位イメージの発信　贅沢が生み出す生活美学は、個人にとって私的な効用である。これはいわば内面贅沢とも呼べよう。巨匠の描いた名画を書斎に掛けて一人で日々楽しむ。これは完全に内面贅沢の域に入る。しかし、この名画のように客体《きゃくたい》としては同じ贅沢でも、内面、外面というふたつの側面を持つことが多い。名画を他者の目に触れやすい応接間などに掲げて来訪者に見せ、自慢すればそれは外面贅沢になる。外面贅沢になると、贅沢はその所有者にとっての社会的効用を生み出す。

人間のコミュニケーションは、文字や音声のような記号表現だけでなく、それらによって指示されているモノ自体によっても行われる。贅沢品の社会的効用は、なによりもまず他者に贅沢人のイメージを発信できることである。他の人に私はこう思われたいという、他者の目線の中に映じる贅沢人の期待イメージである。人間は社会的動物であり、密集して集団で生活している。当然に、個人の消費生活の様子は他者の目に触れる。どのようなモノを持ち、どのような家に住み、どのような車に乗り、どのような服装であるか。これらはつねに他者の目差しの焦点になる。それと同時に、贅沢する個人も他者の目に自分がどう映じているかも気にしている。

社会階層と社会的地位　贅沢の社会的効用の中心は古来、その所有者の社会的地位を誇示できることであった。社会的地位は、社会階層の中での個人の位置である。ある社会の成員を同じような社会的地位ごとにグループ化し、さらに各グループが持っている特権などの勢力、富など資源の大きさに従って順序づけると、社会階層ができる。社会階層の詳細は、時代や地域（国）によって多様である。

2世頃までのローマ帝国では、皇帝、元老院（貴族）、騎士（官僚）、ローマ市民、属州民、解放奴隷、奴隷という階層があった。西欧中世は封建時代といわれるが、そこでは聖職者を除くと、国王・皇帝、諸侯、騎士、農民、都市住民などが主要階層であった。日本の平安期頃までは官位にもとづく階層が中心であった。上達部と呼ばれた3位以上の上流貴族、4位から6位までの下流貴族、地下《じげ》と呼ばれた下級官僚、そして農民である。江戸時代になると、公家や聖職者を除くと、士農工商が基本的な階層であったが、士の内部でも将軍、譜代大名、外様大名やそれぞれの家来の階層があった。

伝達効率の良い衣服　近代にいたるまでの社会階層の多くは閉鎖的であった。個人にいくら能力があっても、階層間の移動は厳しく制限され、階層に伴う地位は世襲されたからである。この社会階層の中で、贅沢は地位・身分を社会的に誇示するために使用された。居宅の大きさは社会的地位に対応していた。しかし、居宅は一定地点に固定されている。したがって社会的地位を顕示するための媒体としては効率的ではなかった。この点でもっとも効率的な媒体は衣の贅沢であった。身装品も含めた衣は、個人が移動するところをどこでもついてまわったからである。

衣のデザインを決めるのは、素材、色彩、柄、シルエット、装飾といった要素である。素材は繊維の品質を反映し、残りの要素には美術工芸的センスも付け加わる。近代以前では、衣装は保温という機能目的や各人嗜好にもとづくというより、社会的地位の誇示効率という点からいわば社会的に構成されていた。絹など素材の稀少性だけでなく、撚糸、染色、織布、縫製に腕の良い稀少資源としての職人、アーティストを使うことにより、衣の贅沢が作り出された。19世紀前半の英国の文人カーライル[*9]が言うように、社会は服地の上に建設されていたのである。

大鏡の事例　衣が顕示する社会的地位に、古来いかに敏感であったか。わが国の事例が歴史物語「大鏡」[*10]に記載されている。同書は藤原氏による摂関政治時代をトップ政治家たちの紀伝体で記している。その中の左大臣時平の項には、「世間の過差の制きびしき頃、左のおとどの一の人といひながら、美麗ことのほかにてまゐれる、便なきことなり。」（世間一般の贅沢に対する禁制の厳しい際に、左大臣がいくら臣下最高の位にあるとはいえ、法外な美しい服装で参内したことは、不都合である）。という一文がある。時平は若くして左大臣になり、ライバルの右大臣菅原道真を太宰府に追いやった人物としても知られる。この文は、時の醍醐天皇が時平の服装を見て気分を害されるくだりである。

文中で過差という言葉は、明治以前で贅沢に該当する用語である。どのような衣服を着て良いかは、古代の上流階級でその生活基盤であった官位によって決められていた。時平は左大臣で二位の官位にあり、その上位には一位の太政大臣しかいない。しかし、その位階を超えた美麗な衣服で参上したので、天皇が気分を害されたのである。この種の社会階層による衣服の規制は江戸時代まで続いた。西欧についても、近代にいたるまで事情は同じである。衣服を見れば、その人の社会的地位を判別することができた。

贅沢による社会的地位の創造　産業革命と民主化の進展を通じて現代にいたっても、社会的地位を顕示するという贅沢の社会的効用は変わらない。閉鎖的で固定的な封建的身分制や贅沢禁止法などは消滅したけれども、社会階層は依然として存在しているからである。現在の社会階層は個人が持つ社会的資源にもとづく。その主要なものは、富（収入、財産）、勢力（権力、権限、影響力）、威信（賞賛、尊敬）、情報（知識、技能、経験）などである。学歴、職業などがこれらを決める。[*11]

身分制とは異なり、現在の社会階層は外見的にはかつての衣服のような看板がなく、その意味でファジイである。だから社会的地位を誇示するという贅沢の社会的効用はそれだけ増しているると言えよう。かつては身分制など社会階層が贅沢を生み出した。それらが消滅した現在では、逆に贅沢が一種の新しい社会階層を生み出すようになっている。この階層での地位はステータスやプレスティッジなどという曖昧な言葉で表現される。

2-4　贅沢欲求には限りがない

▼忍び寄る特定贅沢への無関心

美的生活の「快」を求める贅沢は、絶えず新しい対象を求めるという点で、限りがない。このことが同じ贅沢対象についても、それに感じる「快」の状態を変動させることになる。もっとも贅沢追求の機会が奪われて、失望や悲嘆を経験することがある。失望は快が突然に停止されることによって生じる。例を挙げれば、恋人とのデートが突然にキャンセルされた。すばらしい音楽会が事故により中断された。美食を楽しんでいる時に急用電話が入って、すぐに帰宅しなければならなくなった。これらの失望事例は日常生活でたまに起こる。さらに失望を通り越して悲嘆に暮れる場合もある。事業に失敗して豪邸を売却しなければならなくなった。病に冒され何を食べても味を感じなくなった。体型が肥満化してシルエットの美しい衣服が着れなくなった。足に障害が生じて自然の景観を楽しむ山登りができなくなった。悲嘆は快の機会の完全喪失により生じる。

しかし、美的生活の「快」をたえず経験していても、新しい贅沢対象への欲求が生じてくる。特定のあるいは同種の贅沢に浸っていると、それに無関心になるからである。たとえば、豪邸で長期にわたり生活している人はどうか。朝昼晩に同じような食材の美食を続けている人はどうか。特定高級衣服を絶えず身につけている人はどうか。絶えず海外旅行や景勝地を巡っている人はどうか。この人たちにとっては美的対象は身の回りにたんに存在しているだけである。それに快を感じ続けるだろうか。たいていの人は特定の美的対象に慣れ親しんでしまうと、それらに快を感じ続けるよりも、無関心の状態へ推移するだろう。

無関心は快でも苦でもない状態である。特定贅沢についての満足は、それが生み出す快の実績と快への期待によって決まる。このワインならうまいだろうという事前の予想が期待であり、実際に飲んだうまさが実績である。実績が期待を大きく上回るさいには満足し、逆に下回るさいには不満になる。同じワインを飲み続けていると、満足度が低下して良いワインを飲んでいるという感触がなくなる。ワインは変わらないが、人間の期待は徐々に上昇するからである。こうして、満足と期待の差が縮まり満足でも不満でもない状態に陥る。この状態になると、その特定ワインに無関心になる。

▼贅沢への絶対の探求

そのワインの存在は当たり前の状態になり、快でもなく、苦でもない無関心の領域にはいる。贅沢に満足するには、絶えず上昇する期待を超えるような新しい贅沢を探さねばならない。贅沢を支える財力を持つかぎり、快楽主義は無関心状態からの脱出を試みる。そのために絶えず新規な贅沢対象を求める。この探求の重要な性質のひとつは、いくら追求しても贅沢の対象は際限なく広がっていくことであろう。贅沢の探求は消費ユートピアへの果てしない無限の探求であり、いわば絶対の探求である。いくつかの例を挙げよう。

一夫多妻が許されていた時代では、権力者たちは多数の魅力的な妻妾《さいしょう》を次々に身辺に集めた。平安京内裏の七殿五舎、江戸城大奥、イスラム王朝のハーレム、中国の後宮などはこのような場所であった。集められた女性の数は、家門後継者の子供を確実に確保するという多妻制の目的をはるかに超えていた。唐代の詩人白居易の長恨歌には、後宮3千人などといった表現がある。顔も識別できないほどの数の女性が集められていたことの強調表現であろう。中国4代美人の器量であったにもかかわらず、皇帝に見せる似顔絵を醜く描かれたために、匈奴《きょうど》の嫁として送られた王昭君の悲話などもこれを裏付ける。

ハースト・キャスル　住宅の贅沢例としてはヴェルサイユ宮殿など、王侯・貴族の宮殿や城などがよく挙げられる。しかし、これらは居宅であるとともに政治・外交の舞台でもあった。個人的な居宅にかぎり、自由にその内部を見られる場所といえば、外国ではハースト・キャスルなどはその好例であろう。

サンフランシスコから景勝の地カーメル、モントレーを経て、北米大陸の太平洋岸沿いをロスアンジェルスに向かう州道1号線のほぼ中間地点にある。門から車で約5、6分ほど小動物園の脇を通って丘を登れば、眼下に太平洋を一望できる高台にルネッサンス風の建物が建っている。建物面積は約6000㎡、敷地は約8400㎡ある。

建築資材の多くはローマ帝国の遺跡の大理石である。大西洋と北米大陸を横断して運び込ま

写真　ハースト・キャスルの屋外プール

写真提供：共同通信社

れた。大理石の白い彫像を周辺にあしらった屋外プール（写真）は、カルフォルニア特有の紺碧の空と調和してとくに訪問者の目を引く。さらに豪華な屋内プールもある。建物内部は食堂、寝室、書斎、図書室、遊技場、美容室のほか小さな映画室まであり、１００を超える部屋がヨーロッパ絵画やアンティークで飾り立てられている。同じように別棟のゲストハウスには数十の部屋がある。

ハースト・キャスルは、カルフォルニアの新聞王ハーストの１９１９年着工の居宅であった。愛人の女優をつなぎ止めるためだったともいわれ、その建築物語は映画にもなった。現在では州に寄贈されてその管理下にあり、誰でも見物できる場所になっている。まさしく豪邸の極致を求めた夢の跡である。

ローマの饗宴　いわゆる「ローマの饗宴」で出された料理[*12]も、食道楽のユートピア事例のひとつを示している。その中でとくに著名なのはルクルス（紀元前118－紀元前56年）の饗宴である。彼は将軍として小アジアを征服し財宝を略奪した。しかし、政争に敗れて軍人引退後、快楽生活を送ることに専心した。豪邸といくつかの美しい別荘を持ち、養魚池と飼育場まで併設して豪勢な饗宴を開いた。いくつかある食堂ごとに饗宴の内容が決められており、もっとも豪華な食堂では20万セステルティウスをかける習慣があった。

この通貨の価値は低下し続けていたが、紀元1世紀頃でも兵士の平均年俸は1000セステルティウスぐらいといわれているから、その豪華さが推察できよう。これによってルクルスは美食家として歴史に名を残した。現在でもルクルスは豪華料理を示す形容詞である。欧州ではこの名をつけたレストランもある。北フランスではスモークした牛タンとフォアグラのミルフィーユ仕立てにルクルスという名をつける。ミルフィーユ仕立てとは、薄切りの肉・魚や野菜を何層にも重ねた料理のことである。東京にもこれを出すレストランがある。

紀元1世頃になると、ローマには贅沢の気風が満ちあふれていた。地中海を取り囲むほど広大な帝国領土から略奪した富がローマに集められた。ほぼ同時代に趣味の文人として知られたペトロニウスは、風刺小説「サチュリコン」の中で、「……ローマの城壁は大きく開いた奢侈の口でかみ砕かれ壊れつつある」[*13]と嘆いている。

饗宴は貴族など上流階層の最大の関心事であった。その詳細をペトロニウスは同書の中でトリマルキオンの饗宴として描いている。彼は成金の新興貴族である。饗宴は美しい音楽が奏でられ、大理石、フレスコ画、モザイクなどで飾られた豪華な食堂で行われていた。客は長いすに横臥して食事を取った。

料理は意匠を凝らした高価な食器に奇抜な飾り盛りをして出された。前菜は蜂蜜とケシの実をまぶして焼いた山鼠《ヤマネ》の肉、腸詰め、ダマスクス産のスモモとカルタゴ産のザクロの実であった。次に濃い練り粉で作ったクジャクの卵のようなものが配られ、その中には胡椒をかけた卵黄で包まれた鶲《ひたき》（ツグミのような小鳥）があった。葡萄酒とともに大皿がきた。それにはエジプト豌豆《えんどう》、牛の肉、睾丸《こうがん》、心臓、アフリカ産のイチジク、子を産んだことのない雌豚の子宮、チーズ・タルト、ビスケット、カサゴ、海ザリガニ、ガチョウ、ヒメジ（スズキに似た高級魚）、ミツバチの巣が盛りつけてあった。

料理はさらに出される。両牙に編籠をぶら下げた大きいイノシシが運搬台に載せられてきた。籠には新鮮な椰子《やし》の実と干した椰子の実が分けて入っていた。狩猟衣姿の料理人がパフォーマンスもかねて肉を切り分け客人に分ける。さらに豚一頭、ゆでた仔うしの大皿、あらゆる種類

イラスト　嘔吐に使った羽根

の果物とブドウ、牡蠣《かき》とホタテ貝、デザートなどが続いた。

饗宴の食材は帝国の高級食材からなる。その中には、牛の睾丸、心臓、豚の子宮など珍味部位や地域の特産野菜が含まれる。日本で肴好きの食道楽が、最終的にオコゼの小袋、鮭の氷頭《ひず》、ヒラメの縁側、鯛の砂ずり、トロの鹿の子《か》、マグロのほお身、鯨のさえずり(舌)や尾の身、からすみ、わさびの茎、ボウフウ、におい豆、芽ネギ、芽じそなどといった珍味を目指すのに似ている。

山海の珍味を集めているとはいえ、ローマの饗宴で出される料理の量は、人間の胃袋が許容できる量をはるかに超えていた。食事量と胃袋との矛盾を解決するため、ローマ人は特異な慣習を導入した。嘔吐《おうと》である。イラストのような鳥の羽でのどをくすぐってそれまで食したものを床にはき出し胃を空にした。嘔吐物は奴隷がすぐに掃除した。こうして飽くなき食道楽を追求したのである。嘔吐の慣習は食の限りなき快楽追求を示している。

▼絶対の探求は今でも続く

衣や遊の世界でも、消費ユートピアを求めた限りない贅沢の例はいくつもある。いわゆるセレブの中には、贅沢な衣服でも同じものを二度と着ない人もいる。宝飾品、バッグ、靴、スカーフなど身の回り品についても、高級ブランドを持つだけでは満足しない。毎年、それらの流行を追い、新作を購入し続ける。

遊についても贅沢は限りない。わが国ではＪＲのような鉄道会社ですら、その極致を追求し始めた。豪華寝台列車による小旅行である。車窓に各地の風景が次々に現れ、内部は高級ホテルに該当する。それはまるで動く高級ホテルのスウィートルームである。食事は著名料理人が腕をふるう。もっとも高いものでは2泊3日の旅で百万円を超える。チケットはすぐに売り切れ、予約待ちは数ヶ月に及んでいる。

もっと優雅な旅になると、クイーンエリザベスのグランド・スウィートで世界一周旅行を楽しんだり、果ては自家用のヨットやジェットで世界中の景勝地を回り、大都会やリゾート地では最高級ホテルのスウィートをとり、ナイトライフを楽しむ。将来は宇宙観光旅行もこのような贅沢のひとつになるかもしれない。しかし、贅沢にはこれぞユートピアという絶対の世界はない。少なくとも贅沢の歴史事例から判断するかぎり、消費ユートピアを求める旅は終着駅のない旅である。

2-5 上流階層での贅沢趣味の普及により贅沢人が登場する

▼贅沢人母体としての上流階層

贅沢を支える富にしても、また贅沢内容を指示する趣味にしても、個人が一代で備えることは難しい。これらの条件を具備するには時間がかかる。だから個人レベルでの贅沢人の登場は多くの場合その人の出自と強く関連している。その人が贅沢趣味を持つ社会階層の出身者であるならば、贅沢人として育つ可能性が高い。

身分制社会階層　社会階層とは、ある社会での人々の社会的地位によって分けられた階層である。社会の構成員の社会的地位に差異が生じてくると、社会は階層化する。社会的地位は各人がどれくらいの社会的資源を持っているかによって決まる。[*14] 社会的資源の具体的内容は時代や地域によって異なっている。社会的資源の保有量によって、社会は上流、中流、下流へ階層化し、各階層でもさらに中の上、中の中、中の下などへ細分化されることがある。これらの階層が固定的な身分と結びつく時、社会階層は社会階級と呼ばれている。

近代と呼ばれる時代になると、すべての人が差別されず法的に平等な権利を持つようになった。いつ近代が始まったかは各国の事情により多様である。たとえば、西欧発展国では近代化は19世紀以降に急速に進行した。わが国では明治維新以降から始まり、ほぼ近代化が完成したのは第二次大戦後である。しかし、贅沢は近代以前からすでに生まれていた。近代以前での贅沢人は、特定社会階層への富の集中によって生まれた。

社会階層化の必然性　そのような時代では社会階層は明確に区分されていた。社会階層が身分によって分けられていたからである。身分とは、法律、慣習あるいは宗教的教義などにより、不平等を固定化した社会階層である。例を挙げれば、江戸期では士農工商、ローマ帝国では貴族（元老院）、ローマ市民、属州民、奴隷があり、中世欧州では国王、諸侯、騎士、聖職者、農民などの身分があった。フランス絶対王政下では、第一身分（僧侶）、第二身分（貴族）、第三身分（市民）があった。身分の多くは固定的であり世襲された。階層間の移動による身分変更は厳しく制限されていた。

これらの社会階層で上流階層は下流階層にはない特権を持っていた。

特権の内容は時代や社会によって多岐にわたる。農業経済を基本とした近代前の社会では、特権の中心は土地所有権、徴税権、納税免除権などである。これらの特権は上流階層への富の集中をもたらした。それはそれぞれの時代での個人生活における必需量をはるかに上回るものであった。これによって富の余剰が生じた。社会全体は貧しくとも、富の集中により富裕な社会階層が出現した。その典型はいわゆる王侯・貴族など上流階層である。この階層は近代前の時代で贅沢人を輩出する母体であった。

人間が生活向上を願って、必要な財を質量両面で拡大しようとするかぎり、社会階層化がかならず生じる。19世紀のアナキスト（無政府主義者）たちは、労働者間の相互扶助的な自主管理を目指した。階層なき社会の実現を夢想したからである。しかし、そのような社会の具体的デザインに関しては、彼らの試みはことごとく失敗した。[*15] 共産主義革命に成功したソ連や中国でも、革命後に出現したのは、共産党支配やその下での巨大な官僚制にもとづく、階層社会であった。財生産のためにますます大きい社会組織による協働化が必要になり、その組織で求められる能力が各人間で異なるかぎり社会階層化は必然である。

旧石器時代の人類は、食物の採集・狩猟による生存経済の中で生活していた。生存経済とは生存していくことを主眼としている経済である。このような時代に人類は、家族、親族などからなる小集団を形成して採集・狩猟に従事してきた。そうしなければ凶暴な動物がたむろする自然環境の中で食物を得られなかったからである。地球人口が少ない間は、豊かな自然によって生存に必要な食物を十分に確保できた。食用植物がいつどこに生育するのか、動物たちがいつどこに多く現れるかを、生活の知恵で知っていたからである。[*16]

しかし、人口が増えるにつれて、採集・狩猟の地理的範囲を拡大しなければならなかった。そのさい食物獲得の領域を巡る集団間の抗争が生じた。抗争に打ち勝つために集団規模を拡大し、その組織を強化する必要があった。さらに必要に応じた採集・狩猟は気候異変などの自然災害に弱い。これに対応するため、人類は農業によって貯蔵することを習得した。農業のためにも広い土地や治水・耕作技術が必要になり、その確保のために集団規模をさらに拡大し、その組織力、軍事力を強化する必要があった。生活に使う財の種類と量の拡大につれて、集団規模は部族、国家へと拡大し、ますます社会組織が大規模化した。こうして集団内部で各人の能力に応じて社会階層が生まれた。

上流階層での贅沢趣味が贅沢人を誕生させる　領土が拡大しまた生産力が向上すれば、社会の富の剰余が増える。しかしこの剰余は社会階層化とともに、階層間でますます不均等に分配された。下流階層への分配はせいぜい生命維持に足る分だけで、剰余の大部分はとくに王侯・貴族など上流階層に分配された。生産力が未発展な社会では、富を持ち裕福な社会階層の出現は贅沢人誕生の必要条件である。贅沢が誕生したいずれの社会も、このような条件を備えている。注意すべきことは、富裕階層の出現は必要条件であっても、贅沢人誕生の十分条件ではないという点である。社会的な経済剰余が発生し、富裕階層が現れても、その社会で贅沢人が誕生するとはかぎらないからである。

▼経済余剰の一消尽形式としての贅沢

　このことは経済余剰の消尽《しょうじん》の仕方と関連がある。独創的な思想家バタイユは、地球上のエネルギー運動という普遍経済の観点から、経済余剰の問題を考えた*17。彼によれば、一切の活動がエネルギー資源の増大に向かう以上、この増大がもたらす根本問題は、経済学の通説が主張する成長と発展ではない。経済余剰を成長によって積み上げるのではなく、むしろ問題は経済余剰の消尽にある。消尽の仕方にはいくつかの形態がある。ポトラッチ（贈与）、戦争、宗教的祭礼、経済成長のための投資、そして贅沢である。どのような消尽形式が選択されるかは、時代と地域により多様である。

　ポトラッチは、文化人類学でよく知られた北西部インディアンの風習である。酋長などの富裕者が、貴重な財を相手の前で破壊することにより威信を示しながら、相手にその返礼としての贈与を要求する。

　戦争を消尽形式にする場合もある。古代ギリシャで、アテネの自由市民は贅沢に目覚め始めていた。一方、対抗勢力のスパルタは、軍備の増強に目を向け贅沢を厳しく抑制した。7世紀以降に急速に台頭したイスラム国家は、その経済余剰を軍事的な領土拡張にあてていた。仏国に贅沢文化が急速に普及し始めた18世紀に、隣国の対抗勢力プロシアはその経済余剰をもっぱら軍備増強にあてていた。同様に、第二次大戦前の日本は、「贅沢は敵だ」という標語の下に、経済余剰を軍備増強につぎ込んでいた。

資本主義勃興期のプロテスタントたちは、勤勉な労働を尊び、経済余剰をもっぱら事業の成長に振り向けようとしていた。経済余剰を宗教的祭礼につぎ込む例も多くある。その典型はチベットである。発展国から見れば、その生活水準はきわめて低い。しかし、その経済余剰のほとんどをラマ教寺院での僧侶生活や宗教的催事に向け、瞑想生活をおくっている。

贅沢は多くの消尽形式のひとつに過ぎない。この消尽形式が社会に普及して贅沢人が登場するには、まず富を支配する王侯・貴族など上流階層の間に、贅沢趣味が文化として芽生えねばならなかった。上流階層や富者の間に贅沢趣味の文化が発生すること、これは現代までも続く贅沢人登場のパターンである。

2-6 贅沢人は特定地域に参集する

▼覇権国家への贅沢集中

贅沢人は多様な国や都市にまたがり活動し、また「遊」を楽しむ。その場所は地理空間に一様に拡がっているわけではない。それは二面的に特定できる。ひとつは贅沢人の国籍地域であり、他のひとつは贅沢人が贅沢品を購買する地域である。いずれの面でみても、特定の時代での贅沢人は、国や都市など少数の特定地域に集中する傾向がある。

国について言えば、贅沢人はその時代の覇権国家に集中する。覇権国家は、それぞれの時代でその軍事力や経済力の優位性にもとづき、他国も含めた広い圏域で政治的、文化的リーダーシップをふるう。この圏域で覇権国家は経済システムの中核であり、植民地・属国あるいは交易相手国など周辺から富を集める。[18] 覇権国家の代表例を挙げれば、古代でのローマ帝国があり、近代から現代にかけてはイギリスやフランスが先行し、それにアメリカ、日本、中国などが続いた。

贅沢品の販売地域　著名コンサルティング会社のベイン&カムパニーの調査は、贅沢人の地理的分散の現在（2015年度）の様子を示している。それによると、個人用贅沢品（靴、皮革製品など身の回り品、アパレル、時計・宝石など貴金属、香水・化粧品など美容品）の世界市場（小売販売額）は2530億ユーロにのぼった。地域を国別に見ると、上位7位までに入る国は、図2－2に示す7カ国である。米国がダントツのシェアを誇り、以下にはアジアの大

図２－２　個人用贅沢品の主要販売地域　2015 年

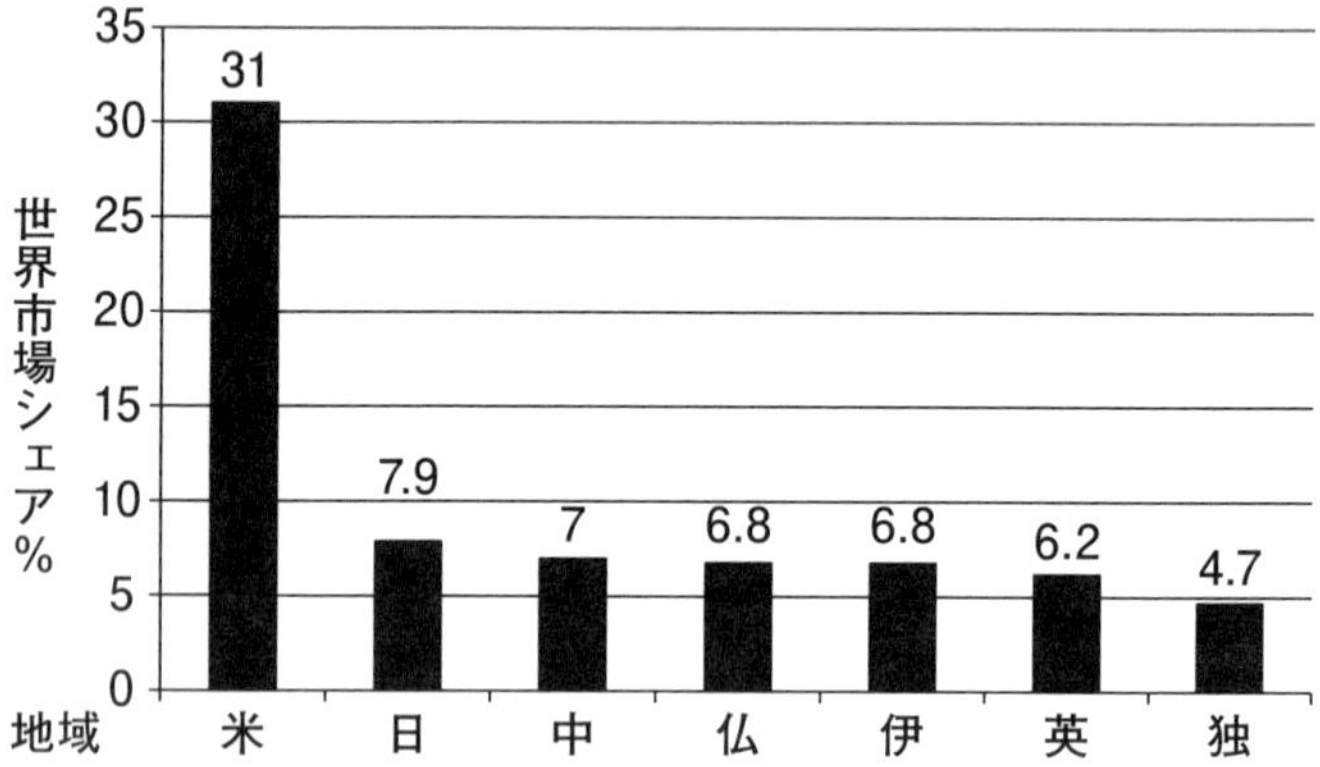

地域	米	日	中	仏	伊	英	独
GDP（兆US$）	18.0	4.4	11.2	2.4	1.8	2.9	3.4
世界ランク	1	3	2	6	8	5	4

データ源：Bain & Company(2015) と IMF のデータより作成

国、日本と中国、欧州の主要国である英、独、仏、伊が並んでいる。２０１５年度での世界の国連加盟国数は１９６カ国である。個人用贅沢品の主要販売地域の７カ国は、その内の３・６％である。この少数国に、個人用贅沢品の世界販売額の約71％が集中している。

図の下方には、各国のＧＤＰ（国内総生産）とその世界ランクを示している。いずれの国のランクも世界８位以内にある。現代における国の覇権はその経済力で決まり、ＧＤＰはその覇権度を示す指標と言えよう。これらのデータから見ると、贅沢品の販売地域は覇権国家に集中してい

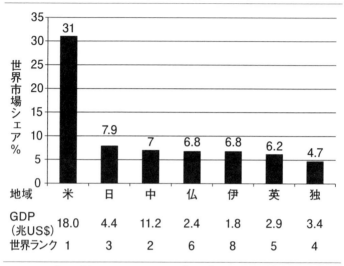

る。中国のシェア・ランクが上位になるのは、その巨大人口による。他の国のシェア・ランクは主として一人あたりGDPの高さにもとづいている。

贅沢品購買者の国籍　どのような国に贅沢人が多いのか。贅沢品の国別販売額はその実態を正確に反映していないかもしれない。現在のようなモバイル消費の時代には、観光ショッピングに典型的に見られるように、贅沢人の行動は国際的である。ある国の贅沢品販売額には、外国からの観光客の寄与分も含まれている。また他方で、ある国の贅沢人は観光客となって他国で贅沢品を買っているかもしれない。そしてこれらの比率はそれぞれの国の贅沢人の観光行動や観光客吸引度により多様になるだろう。ベイン&カムパニーの調査はこれらの点についてもデータを提供している。

実際に、各国の消費者が自国で贅沢品を購買する比率を見ると、アメリカ（95％）、欧州（89％）、日本（57％）、中国（22％）などとなる。これらの数字はそれぞれの地域で贅沢文化がどの程度に成熟しているかを示している。すでに贅沢文化が成熟している欧米では比率が高くなり、近年に覇権国家になったばかりの中国での比率は低く、日本はその中間位置にある。

各国の贅沢品販売額には、他国観光客の寄与分も含まれている。個人用贅沢品についてこの数字を推計してみると、欧州（52％）、米国（33％）、日本（24％）、中国（0％）となる。これらの数字は、それぞれの地域の観光魅力度による観光客数にも影響されているが、どの国の

図2－3　個人用贅沢品の購買者国籍　2015年

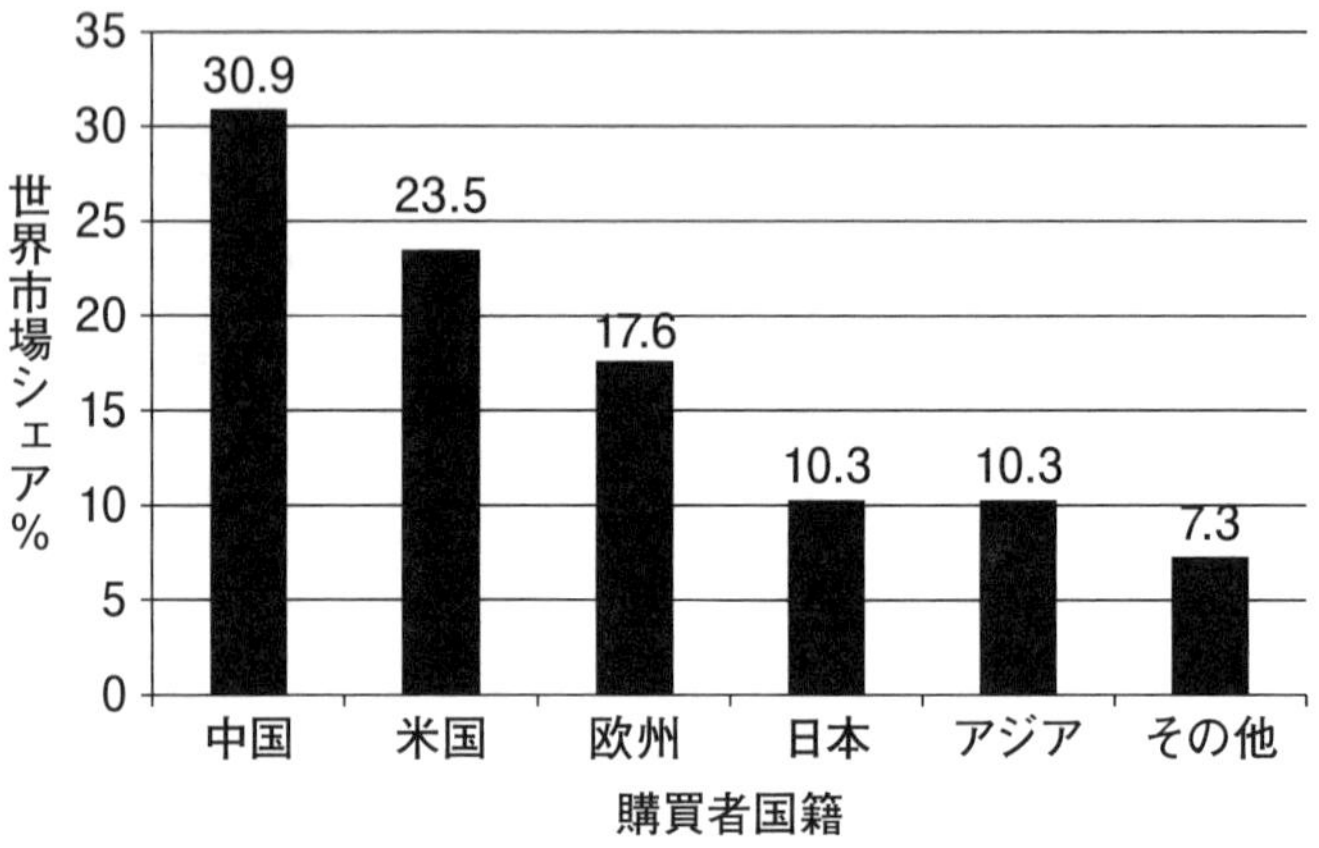

データ源：Bain & Company(2015) のデータより作成

贅沢品に世界中の人が憧れているかの大まかな傾向を示しているとも言えよう。個人用贅沢品の趣味文化を歴史的にもっとも発展させている欧州がもっとも高く、以下に米国、日本、中国が続く。

個人用贅沢品の購買者の国籍に焦点を合わせると、贅沢人はどのような国に多くいるだろうか。図2－3は販売額を購買者国籍に分解して、それぞれの世界市場シェアを示したものである。巨大人口規模と最近の十数年での驚異的経済成長によって、中国がトップに躍り出ている。たとえ人口の5％しか贅沢人がいなくても、中国贅沢人の数は7000万前後になる。日本でこの数にいたるには、人口の約半分が贅沢人でなければならない。

図2－4　世界の10大贅沢都市（個人用贅沢品販売額）2015年

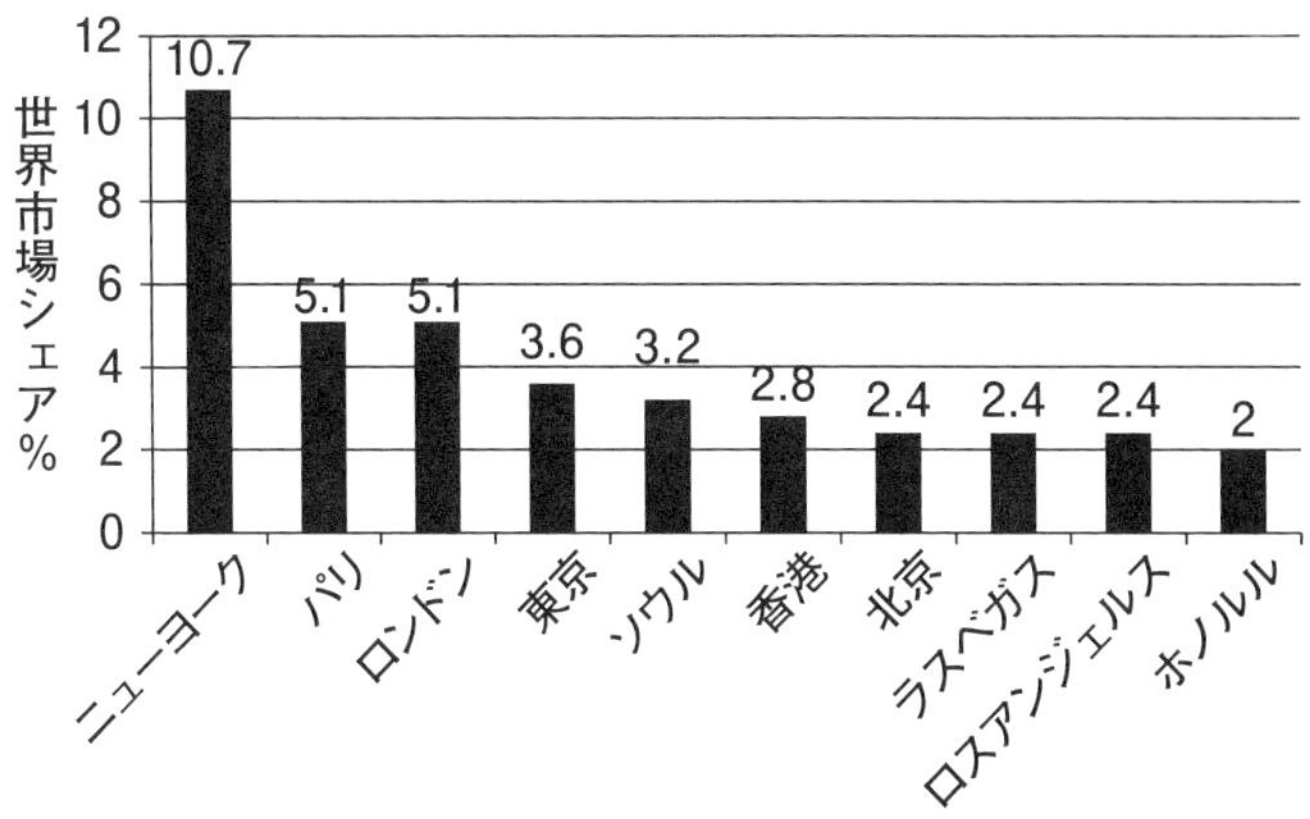

データ源：Bain & Company(2015) のデータより作成

個人用贅沢品の約3割は中国人が購買している。それに米国、欧州、日本が続く。個人用贅沢品の82・3%はこれらに国籍を持つ消費者によって購買されている。販売地域だけでなく、購買者の国籍から見ても、贅沢人は世界での特定国に極度に集中している。

▼贅沢都市への集中

贅沢人の地域集中は覇権国家に向かって行われるだけではない。覇権国家内部でも特定地域に集中する傾向がある。そのさいの集中先は首都や経済中心地となっている大都市である。図2－4は個人用贅沢品の販売額における世界10大都市である。その上位には覇権国家の首都や経済中心地が占めている。これらの都市が各覇権国家の贅沢品市場でどのくらいのシェアを占めているのか。主要な覇権国家の都市について、国内シェアの大きい順に数例を挙げると、ロンドン82％、パリ75％、東京46％、ニューヨーク35％、北京34％になる。覇権国家の内部でも、贅沢人は特定都市に集中する傾向がある。

贅沢人は特定地域に多く寄り集まり密集する。このパターンは今に始まったパターンではない。昔から繰り返し登場してきた長期持続パターンである。特定地域への参集が数世紀にわたるという意味で長期的である。しかし、特定地域への贅沢人の参集は永遠不変ではない。覇権の盛衰に伴い贅沢人の参集にも盛衰がある。

▼贅沢都市の歴史的興亡

贅沢人が都市レベルでの特定地域にどのように参集してきたのか。贅沢市場が注目され始めたのは最近の数十年間であり、それ以前については贅沢人の密集情況を直接に示すデータは存在しない。しかし、人口データを贅沢人密集の近似データとして利用することはできよう。後述するように、人口成長は贅沢人を密集させるメカニズムも含んでいるからである。

表2－1の表頭には、各時代に登場した覇権国家の主要都市を示している。ローマはローマ帝国の首都である。この巨大帝国は2世紀にはその版図を地中海沿岸の全域に広げ、さらには

表2－1　覇権国家の主要都市人口（万人）の盛衰

年度	覇権国家の主要都市											
	ローマ	コンスタンチノープル	バグダッド	ヴェネチア	リスボン	アムステルダム	パリ	ロンドン	ベルリン	ニューヨーク	日本	中国
前200	15											40(長安
前100	40											
100	45											42(洛陽
200	110											
300	90											
400	80	40										
500	10	48										
600		60										
700		40										90(長安
800		40	70								20(平安京)	90(長安
900		50	90								20(平安京)	63(長安
1000		23	120								18(平安京)	
1100		20	120								18(平安京)	
1200		10	100								18(鎌倉)	
1300		10	10								20(鎌倉)	75(北京
1400		8	9								15(平安京)	74(南京
1500		20		12			19				4(平安京)	73(北京
1550		66		17			21				10(平安京)	
1600		55		15			25	19			36(大坂)	85(北京
1650		70		13		17	46	41			50(江戸)	
1700		70		14	19	21	53	55			68(江戸)	88(北京
1750		63		16	21	21	60	71			69(江戸)	
1800		57			24	20	55	86			69(江戸)	110(北京
1850							131	232	45	65	78(江戸)	
1900							333	648	271	424	150(東京)	110(北京
1950							590	886	371	1246	700(京浜)	

データ源：Morris,I.(2010), *Social Development, Stanford University Oct. 2010*, http://ww ianmorris.org/docs/social development pdf. ; Modelski,G.(2003), *World Cities -3000 to 20* FARROS2006 ; Chandler,T.(1987), *Four Thousand Years of Urban Growth: An Histori Census*, Edwin Mellen Pr.

グレートブリテン島にまで進出している。３９５年に帝国は東西に分離し、西ローマ帝国は４７６年にゲルマン人の侵入により滅亡した。

一方、東ローマ帝国はコンスタンチノープルを首都にして９、10世紀を中心に栄えたが、１４５３年にオスマン帝国に滅ぼされた。オスマン帝国は同市を首都にして16世紀にかけてイスラム圏の最強国として君臨し、欧州諸国の脅威になったが、17世紀以降急速に衰えた。オスマン帝国に先立って、イスラム圏での覇権国家はアッバース朝（７５０－１５１７年）である。その版図《はんと》は西はイベリア半島、東は中央アジアにまで及び、９世紀から10世紀にかけて最盛期を迎えた。バグダッドは人工的に作られたその首都である。

ローマ帝国の滅亡後、中世の終わりまで、世界の巨大覇権国家は中近東からアジアにしかなかった。中国では漢、唐、元、明、清などの王朝が次々に覇権国家を作ったが、王朝が代わると遷都することが多く、そのため巨大都市の所在も変化した。その間の日本も同様である。欧州の諸国はまだ覇権国家の域に達していなかった。その中でヴェネチア共和国は地中海沿岸部や諸島に領土を持つ海洋国家として台頭した。同国は地中海貿易を押さえ、アジア・中近東と欧州の交易の中継点であった。しかし、大航海時代を迎えて地中海経済圏が衰退し始めると衰退し始めた。

大航海時代に中近東やアジア、さらには南北アメリカ大陸との交易を先導したのはポルトガルとオランダであり、リスボンとアムステルダムはその首都である。しかし彼らは、産業育成を背景に強大な軍事力を持つ英仏に、すぐに追い越されてしまう。両国は世界中に植民地を広げ、そこからの原材料に本国の製造業で付加価値をつけて輸出し繁栄した。

産業革命などいわゆる近代化による富の蓄積がいかに急速であったかは、両国の首都であるロンドン、パリの18世紀以降の急成長に示されている。同じような近代化への道を独国、米国、日本が追いかけた。18世紀以降のこれらの国の主要都市の急成長はそれを反映している。近代化に成功した国での大都市成長パターンはきわめて似かよっている。

都市人口の推移から見るかぎり、贅沢人の参集はその時々の覇権国家の首都を中心にする大都市に向かって行われる。贅沢人が地域集中するというパターンは過去の歴史において繰り返されてきた。しかし、具体的な参集先は覇権の盛衰に従って長期的には変遷していく。表2－1はこの世界史的変遷の要約である。

2-7 大都市発展と贅沢人参集は相互依存的である

覇権国家の首都や経済中心地は、それぞれの時代の世界的な大都市になる。贅沢人はなぜこの種の大都市に寄り集まるのだろうか。その訳は大都市発展と贅沢人参集の相互依存性にある。

大都市が富者をまず寄せ集め、今度はその密集が贅沢趣味を育てて富者を贅沢人に育成する。その贅沢人コミュニティがさらに大都市発展を促進していくのである。特定時点での大都市における贅沢人の密集はこのダイナミクスの静止画である。現在の日本でも、東京への一極集中が叫けばれて久しい。日本の贅沢人も東京に一極集中している。この集中は、高度成長により日本が覇権国家のひとつとして台頭する過程で生じた。このような過程は、大都市発展と贅沢人参集の相互依存について、世界史で繰り返し生じてきた過程の反復に他ならない。

▼消費都市としての発展

古来、大都市発展の最初の契機はふたつある。ひとつは覇権国家の首都になることである。首都として設定されると、政治権力の中枢機能が集積する。中国の歴代王朝や日本の江戸などはこの例である。他のひとつは覇権国家の経済システムで経済中心地になることである。その立地特性をみると、ヒトやモノの流動ネットワークの結び目に位置していることが多い。覇権国家の首都の多くは、政治中心地であるだけでなく、経済中心地にもなることにより大都市に発展してきた。わが国でいえば、江戸から始まる東京の歴史はこの代表事例である。

政治権力者の集中　政治中心地になれば、何よりもまず統治者が居住する。近代までは統治者は王侯や宮廷であった。統治者を支える官僚、軍隊、さらには聖職者、医師などの知識人、画家、建築家、彫刻家、音楽家などの文化・芸能人などもそこに居住する。これらの人々の生活を支えるために、多様な生活用役の提供者も居住する。宮廷の侍女・従者、中小の小売商人や手工業者、種々な雑役に従事する日雇人夫などの下層民である。

政治中心地になると、いかに短期間で人口集積ができるのか。わが国についていえば、その好例は鎌倉や江戸である。源頼朝が武家政権の首都として幕府を開く１１９２年まで、鎌倉は南が相模湾に面し、他の三方を山に囲まれた小さな村落で、源氏の氏神鶴岡八幡宮があるに過ぎなかった。しかし、開幕後に若宮大路を中心として六大路を碁盤の目に配した人工都市に生まれ変わった。平安京から遠く離れた関東で、開幕以来10年もたたない１２００年には、平安京と並んで人口20万人近い大都市として登場していた。

江戸も同じである。関ヶ原の戦で徳川家康が天下を取った１６００年には人口は6万人であった。しかし、江戸開幕（１６０３年）から数十年後の１６５０年には43万人となり京都と肩を並べるまで急成長していた。

同様に覇権国家への途を歩み始めると、最高権力者に次ぐ政治権力者たちも次第に首都へ移住する。西欧での貴族や上位聖職者、日本の大名たちである。なるほどローマ帝国では貴族のほとんどは最初からローマに居住していた。しかし中世の封建時代になると、西欧の貴族、日本の大名などは当初その領国に居住していた。覇権国家の最高権力者は貴族や大名などを首都に移住させる。英国のエリザベス一世は貴族たちのロンドン移住を促したし、仏国のルイ14世なども同様である。

日本の江戸時代には、大名たちはその妻子を江戸に住まわせるだけでなく、参勤交代によって領国と江戸との隔年生活を要求された。江戸での生活の場として広大な大名屋敷が次々に建てられた。それだけでは足りず、やがて郊外に別邸としての下屋敷も構える大名が相次いだ。江戸在府中の大名は、妻子や家来とともにそこで江戸生活をした。

消費都市から経済中心地へ　首都設定によりそこにまず集結した以上のような人々は何も生産しない。だから政治中心地はまず消費都市として出発することになる。都市住民の生活を支えるために、多くの物資をその都市外から持ち込まなければならない。その国の覇権が強くなればなるほど、官僚や軍隊の規模は拡大する。また貴族たちの移住も増える。覇権の拡大につれ政治中心都市としての都市人口は増加し消費都市として拡大する。

この消費都市の特徴は人口が密集しているだけではない。そこでの消費者は国中の富者を集約している。最高権力者、貴族、大名、官僚や軍隊の上層部、高位聖職者はそれぞれの権力にもとづき富を蓄積した富者である。覇権国家の首都は国中の富者を集めて質と量の両面で卓越した消費需要を生み出すのである。各商品の需要数量が大きいだけでない。同種商品について高額品もその販路を見つけることができる。

この消費市場を目指して、種々な生活物資を商う小売商が首都に集まる。さらにこれらの小売商人に商品を供給する卸売商も集まる。とくに首都が覇権国家の経済中心地としても機能する時には、卸売商の事業機会は覇権国家の全域に広がる。覇権国家の全域から商品を収集し、それを首都圏の小売商だけでなく、全土の小売商へ分散流通させる機能を担うからである。

こうして商人の中で成功した者は、豪商として富者の仲間入りをする。時には政治権力者たちをしのぐ富者になっていくのである。覇権国家の大都市はダイナミクスに満ちている。そこには種々な商材が渦巻き、事業機会が次々に生まれる。大都市は富者を寄せ集めるだけでなく、その密集の中から新しい事業家を次々に生み出していくのである

▼贅沢趣味情報の集積

富は贅沢人になる必要条件である。しかし、富だけでかならず贅沢人になるわけではない。贅沢人になるには、富に加えて贅沢趣味を育み、生活美学を楽しむ快楽主義を身につけねばならない。世界的大都市はこのための環境を都市発展の過程で作り出す。どのような贅沢品があるのか、生活美学を楽しむどのような方法があるのか。これらの贅沢情報も世界的大都市の内部に集積していく傾向がある。カネだけでなく情報も寂しがり屋であり、一箇所に群れたがるのである。贅沢人予備軍としての富者を全国から集めるだけでなく、今度は逆に富者たちの参

集が富者の贅沢趣味や快楽主義を育てる機会を提供して都市発展をさらに促す。贅沢人の参集と都市発展はこれらの点で相互依存的になる。

ローマ帝国の事例　まず第一に、覇権国家の首都には領土や外国交易の拡大に伴って、その社会にとっては新しい製品や贅沢文化が大量に流れ込む。たとえばローマ帝国の事例を見てみよう。紀元前2世紀の第三次ポエニ戦役に勝利して、帝国は版図をイタリア半島以外にも急速に拡大した。征服地域を属州化して、多くの奴隷をはじめ、貴重な贅沢品がローマに流入した。ギリシャの青銅器、各地の宝石、紫紅染料、絹織物、アフリカの猛獣の牙やクロベなど珍木材などだけでない。各地の果物や魚介類の珍味、畜産物もローマ市民の饗宴の食卓を彩った。

それだけでなく、ギリシャ半島のマケドニア王国の征服により、ヘレニズム文化を担ってきた多くの人材がローマへ移住した。この文化は古代オリエント文化とギリシャ美術の結晶であった。前者からはペルシャ帝国の絶大な王権が生み出した華麗と誇張を受け継ぎ、後者からは絶対的な美を追究する技巧を受け継いでいた。

前187年には小アジアを征服した将軍ウルソーの部隊が帰還する。ウルソーとその部下たちはアジアの贅沢品だけでなく、贅沢文化そのものを持ち帰った。工夫を凝らし費用をかける宴会のやり方、楽器弾きの女たち、料理人、兵士への金のばらまき習慣などであった。帝政ローマ初期の歴史家リウィウス[*19]（前59頃－17年）によれば、これらはやがてローマ社会での贅沢普及の種子となる。

その後、帝国の治世が完成するに伴い、ギリシャや小アジアとの交易がますます増え、これらの地へのローマ人の訪問や、これらの地域からローマへの来訪が増加した。この社会的交流により、ヘレニズムやアジアの文化はローマに大量に流れ込んだ。それとともに質実剛健というローマ人の伝統的価値観は、生活美学の追究による快楽主義へと転換した。

外国の珍しい商品が覇権国の首都に流れ込むというパターンは、その後の歴史でも繰り返されてきた。大航海時代以降になると、英仏は領土拡張や植民地経営を行い、珍しい外国製品や文化をロンドンやパリに集めた。大英博物館やルーブル美術館は英仏の地球規模での覇権拡大の足跡である。高度経済成長期以降の日本でも海外旅行をすれば、競って贅沢ブランド品を持ち帰り、また東京などの巨大市場には外国贅沢品が流れ込んだ。現在では中国が同じ道を走っている。それを支えているのは、その富裕層の外国旅行にさいしての爆買いである。

美術作品の集積　第二に、覇権国家での首都発展は美術作品と触れあう多くの機会を作り出していく。近代以前で、最高権力者の宮廷や上流階層の邸宅は、次第に多くの美術作品で飾られるようになった。そこには一流の美術家による絵画、彫刻や熟練職人が作った家具調度品が飾られていた。大都会に寄り集まった上流階層の人たちは、彼らの間の相互訪問など社会的交際を通じて、多くの美術作品に触れる機会を持った。現代ではこれらの美術作品は、大都市にある美術館、博物館に集められている。かつての宮殿や大邸宅にも公開されているものが多くある。

一流の美術作品は贅沢品と同じ属性、つまり贅沢属性を備えている。卓越した品質を持ち審美性やシンボル性がある。他に同じものがなく、本物としてのオーラを発している。それは稀少性の極致を極め、そのために高価格であるだけでなく、時を経るとさらに高くなっていく。すべての贅沢品がかならずしも美術作品とは言えないけれども、一流の美術工芸作品はすべて贅沢品である。贅沢と美術工芸の間には不変の密接な関係がある。

覇権国家の大都市での美術作品普及の革新者は覇権国家の君主たちである。権力者がその絶対的権力の可視化を求めたがることはいつの時代でも変わらない。美術作品はその重要な手段のひとつである。美術作品が持っている稀少性、審美性、象徴性は、君主の最高権力を他者に向かって顕示するきわめて効率的な媒体であった。

こうして、君主たちは一流美術家のパトロンになった。彼らを経済的に庇護し、新しい作品制作を求めた。美術作品を通じて君主たちは贅沢情報のゲイトキーパーになり、贅沢趣味普及のきっかけを与えた。宮廷に出入りする貴族たちはそれを見て模倣し追随者になったのである。また大商人など経済人も、上流階層との社会的交際を通じて、この贅沢普及の加担者として参加していった。

上流社交界の発展　第三に、覇権国家の上流階層では社会的交際が多様なかたちで発展する。居宅への相互訪問、会食、各種の供応接待、慶弔催事への参列、商取引などである。これらの社会的交際を通じて、富者は社会的交際相手の衣食住を観察できる。また社会的交際は自慢の贅沢品を誇示するための絶好の舞台でもあった。この社会的交際を通じて贅沢人コミュニティが生まれる。ルイ14世がヴェルサイユ宮殿を舞台に作り上げた宮廷社会[20]はこのコミュニティの歴史的代表事例であろう。このコミュニティはその名が示すごとく、贅沢に関心を持つ人たちの集まりである。それは贅沢趣味や快楽主義を育成する場として社会的に機能していく。

贅沢を支える美的生活への趣味教養は、読んだり聞いたりするだけでは身につかない。種々な贅沢品などに直接に接しながら、その評価についてよく知った人の話を聞かなければ、贅沢品を評価するコードの知識は身につかない。上流階層生まれの若者ならば、贅沢品に取り巻かれた日常生活を通じて、自然にこの種の趣味教養を身につけていく。

しかし富者になったばかりでまだ贅沢趣味を知らない者は、贅沢人との社会的交際を通じて身につける以外に方法はない。贅沢趣味の教養は、種々な贅沢コードに直接触れることによってのみ、体得できる知覚・評価の体系[21]だからである。覇権国家の首都での贅沢人コミュニティは、この種の体系を習得するための場として機能した。そこで贅沢趣味や快楽主義が社会的に育成されたのである。

2-8 贅沢欲求は道徳的歯止めを超えて飛翔する

▼贅沢欲求の放縦性

贅沢は足るを知らない。その追求には切れ凧のようなところがある。切れ凧は風のまにまに天空を漂い制御がきかない。贅沢も放縦に流れようとする性質がある。贅沢が持つこの放縦性を多くの人が日常感覚や心性として理解してきた。だから「贅沢の上に贅沢を求める人間は生涯満足することはない」といったことわざが生まれる。贅沢の放縦性がどのように生まれるのか。この点を端的に示す事例がある。英語で言う贅沢、つまりラグジュアリー（luxury）の語源とその後の語義の変遷である。

ラグジュアリーの語源　ラグジュアリーの語源はラテン語のルクスリア（luxuria）である。それは勝手気ままな性欲を意味した。現代英語で言うラスト（lust）、つまり過度の肉欲や色欲と同義である。ラテン語を公用語としたローマ帝国は、共和制から帝政へ移行した前1世紀から1世紀にかけてその版図は最大に達し、広大な領国から富をローマに集めた。市民にとっては、闘技場、浴場、饗宴が日常生活の主要舞台になった。

建国以来の質実剛健の気風は廃れ、ローマ市民は安逸《あんいつ》と贅沢を求めるようになった。その中で男女関係にも浮華《ふか》の風が吹き、風紀は乱れてルクスリアの世界が現れた。この世相に迎合して、詩人オウィディウスは背徳の書「恋愛指南」[*22]を発表し、ローマ市民の喝采を浴びた。ルクスアリアという言葉の適用対象つまり外延はその後次第に拡大する。色欲の他にも、人が夢中になる耽溺《たんでき》対象が存在したからである。

聖アウグスティヌス（３５４－４３０年）の贅沢観は、古代から中世にかけての贅沢思想に大きい影響を与えた。[*23]彼はルクスアリアを意欲、野望、官能などへの耽溺の複合体と考えた。贅沢もそのひとつである。彼によれば、ルクスアリアは人間が生来持つ性質である。若い頃の放蕩生活を経て司祭となった後も、彼は睡眠中の夢でみる淫乱な心の動きを告白している。[*24]

▼なぜ贅沢欲求に溺れるのか

色欲と同じように、なぜ人は贅沢にふけり、それに溺れるようになるのだろうか。

必要（ニーズ）から欲望（デザイア）への変化　第一に、色欲も贅沢もともに、ある水準を超える過度な欲望と見なされることが多い。色欲は種の保存をするための性欲の過度な追求であり、贅沢は生存に必要な衣食住などへの物欲の過度な追求である。種の保存や生存確保という水準にとどまるかぎり、性欲も物欲もいわゆるニーズ（必要）の範囲内にある。

しかし、この水準を超えてこれらの欲求が追求されると、欲求の性質は必要（ニーズ）から欲望（デザイア）に変わる。色欲も贅沢もともに欲望の世界の住人である。この世界に入ると、欲求は個人の趣味・嗜好を反映してより特殊的になり、洗練化されていく。女から美女へ、男から美男へ、食い物からグルメへなどの変化である。

ポジティブ・フィードバックの働き　第二に、必要（ニーズ）の範囲内にとどまるかぎり、欲求充足が行われると欲求水準へのネガティブ・フィードバックが働き、さらにいっそうの欲求追求は行われない。たとえば動物は飢えが満たされるとそれ以上は食べようとしない。欲求充足したことが欲求水準を引き下げるからである。動物の欲求は身体維持に根ざすニーズである。たいていの人も性欲や物欲をニーズの範囲にとどめるかぎり、これと同じように足るを知ることになる。

しかし、色欲や贅沢のような欲望は違う。それらが身体的欲求よりもむしろ心的欲求に根ざしているからである。兼好法師も「世の人の心をまどはすこと、色欲にしかず。[*25]」と言っているが、贅沢も色欲と同じといってよかろう。この惑いによって、色欲や贅沢はひとたび充足されたとしても、新しい対象を絶えず追い求めることになる。つまり欲求充足から欲求水準へのポジティブ・フィードバックが働くのである。色欲や贅沢の充足それ自体が、それらへの欲求をさらに強めることになる。

▼贅沢抑制の規範化

贅沢の放縦性を制御するため、人は昔から現在にいたるまで種々な歯止めをかけようとしてきた。歯止めの内容は贅沢抑制を規範化する種々な試みであった。贅沢欲求の放縦性が身体よりも心に根ざすと考えるかぎり、それを抑制するには、贅沢抑制を規範化して心を制御する以外に方法がない。道徳的歯止めは多様なかたちで現れた。警世の書、道徳思想、宗教的戒律化などである。いくつかの例を挙げてみよう。

警世の書　ローマ帝国は上流階層だけでなく中間階層（ローマ市民）までも広く巻き込んで贅沢社会を歴史上で最初に実現した。贅沢の風潮が強くなり始めた時代に警世の書は現れる。たとえば、タキトゥス（57－118年頃か）の「アグリコア」と「ゲルマニア」[*26]などである。タキトゥスは帝国の代表的歴史家である。同時に高級官僚であり上流階層に属した。活躍したのはローマ帝国が贅沢の風潮に大きく呑み込まれそうになった時代である。

「アグリコア」は彼の義父で元老院議員・ブリタニア総督アグリコアの伝記である。タキトゥスは遠くブリタニア（現在の英国）で活躍するアグリコアの生き様に、かつてのローマ市民の質実剛健の姿を見た。「ゲルマニア」はローマの北方に位置し国境を絶えず侵犯していたゲルマン民族の地誌である。同民族の軍事・政治・宗教・司法などの制度だけでなく、男女関係や社会生活の様子を簡潔に記している。それはローマ帝国発展期のローマ市民の誰もが持っていた質実剛健な生活様式であった。両書を読んだ同時代人は、贅沢と退廃に満ちた同時代の帝国の姿とを対比したことだろう。

タキトゥスの少し前に生まれ、暴君ネロの家庭教師も務めたセネカ（前4－65年）も贅沢の放縦性を警告している。莫大な蓄財をしたと噂されたけれども、富貴《ふうき》であることを否定しなかった。しかし贅沢に耽溺することの怖さを意識していた。「幸福な生について」[*27]と題した短い随想の中で贅沢三昧の生活を批判している。彼はごくささやかな贅沢を勧め、「何事においても過度なものは悪なのである」と諭した。彼にとっては快楽よりも徳を先行させることが重要であった。これらの警世の書が現れたけれども、ローマ人は贅沢をやめなかった。そしてタキトゥスが恐れたように、ゲルマン人の侵入によって西ローマ帝国は4世紀の後半から首都ローマさえも略奪され始め、遂に476年に滅亡する。

「論語」、「老子」など中国古典は、数千年にわたり東洋人の生活規範に大きく影響した。これらも贅沢に警句を発している。「論語」は随所で贅沢よりも質素であることを勧めている。質素であれば尊大にならず、人の道や礼を知るようになるからである。[*28]「老子」も同じである。老子は聖人にいたる道を模索した。その方法のひとつとして、私心や欲望を少なくし贅沢を捨てよと説いた。[*29]贅沢は極端なことであり、奢りを誘うからである。贅沢より吝嗇《りんしょく》（ケチ）の方が良いとまで言う。

これらの書はわが国などでは子弟教育にも使われてきた。その教えにもかかわらず、富力がつくと贅沢の気風は地下水がわき出るごとく吹き出て世を覆った。わが国の事例で言えば、江戸時代での元禄文化、大正初期の第一次大戦後の好景気による成金文化、高度経済成長期の海外ブランド指向などはその例である。[*30]

宗教的戒律　人間が本性として心に持つ欲望であるかぎり、贅沢の抑制を宗教的戒律にまで高める以外にその放縦を抑える方法はない。キリスト教が西洋の精神世界を支配しつつあった中世にかけて、聖アウグスティヌスなどはそう考えていた。彼はローマ帝国末期の退廃が支配する地の国とキリスト教信仰で生まれるはずの神の国を比較した。6世紀頃に宗教世界の支配者であるローマ教皇グレゴリウス1世（在位は590－604年）はこの種の戒律を七つの大罪として整理した。[*31]「暴食」、「色欲」、「強欲」、「憤怒」、「怠惰《たいだ》」、「傲慢《ごうまん》」、「嫉妬」からなる。これらは大罪と呼ばれるが、罪そのものよりも罪を犯させるような人間の欲望や感情である。贅沢は「暴食」、「色欲」、「傲慢」などから生じる。

▼イタリア・ルネサンスによる解放

この種の戒律は中世における人々の日常生活を支配した。しかし、永遠に続いたわけではない。中世世界の戒律からの解放は、14世紀イタリア・ルネサンスによって一気に吹き出した。慎ましく地味な衣装をまとった宗教画の女性像に代わって、魅惑的な裸体により女性美を表現するようになった。ボッティチェリの「ヴィーナスの誕生」などである。聖書の登場人物イブやバテシバも、ミケランジェロ、デューラー、メルリンクの絵画では美しい裸体で登場する。バテシバは名君ダビデの部下の妻であり、ダビデに姦淫の罪を起こさせるほどの美女であった。

ルネサンスを支えたのはイタリア北部の諸都市である。フィレンツェ、ヴェネチア、ミラノ、ナポリなどである。ルネサンスと手を携えて、これらの都市では贅沢趣味が芽生え始めていた。中世社会で絶大な権力を誇ったローマ教皇さえも、14世紀にはアヴィニヨンに教皇庁所在地を移し、最初の近代的宮廷文化を創ろうとした。そこに集まったのは贅沢趣味を愛する教会大貴族や美女たちである。[*32] ローマ法王庁の贅沢生活はその後も続き、16世紀にはマルチン・ルターを宗教改革に走らせる導火線になった。

これらの都市では地中海経済圏を背景に富力をつけた商人や銀行家が台頭していた。とくにフィレンツェでは銀行業のメディチ家が政治の実権を握り、多くの芸術家のパトロンになった。メディチ家の出身者はやがて宗教界や政治の最高権力さえ握るにいたる。１５１３年にローマ教皇となったレオ10世はメディチ家出身である。さらに１５３２年には一族のアレッサンドロがフィレンツェ公国の君主になる。

▼現代でも続く欲求と抑止の抗争

現代でも贅沢への道徳的歯止めは繰り返し現れている。宗教的戒律が昔ほど強くなくなったから、歯止めの多くは警世の書として数多く現れている。人々の浪費癖への警告、浪費を繰り出すマーケターへの批判[*33]、さらには現代のような消費社会全体にわたる批判[*34]など様々である。日本でもバブル崩壊のさなかに、中野好次、「清貧の思想」[*35]が出てベストセラーになったことは記憶に新しい。

これらの抑制にもかかわらず、贅沢欲求とそれへの道徳的歯止めは、飛行機と地球引力の関係を保ってきた。地球引力は飛行機をつねに地表面に引きつけようとする力である。しかし、燃料があるかぎり飛行機は引力に逆らって天空を飛び続ける。贅沢はこの飛行機であり、富力が燃料になる。飛行機の浮力と推進力は贅沢趣味が支える。贅沢欲求はたとえ一時的に道徳的歯止めを掛けられても消滅はしない。贅沢が消費ユートピアであるかぎり、贅沢欲求は人間の心中に鬱積《うっせき》して次の爆発の機会をうかがっているだけである。

2-9 政治統制によっても贅沢欲求を抑止できない

▼政治統制の役割

贅沢欲求は限りがない。この放縦性の制御に道徳的歯止めが効かないとすれば、残る手段は政治統制だけである。政治は国家をどのように統治するかに関わっている。政治による統制、つまり政治統制は、国家の統治者がその権力や支配力を通して国民の行動、活動をある方向に誘導する試みである。その狙いはその国家体制で必要な社会秩序を維持することにある。

社会秩序とは社会生活が一定の調和的均衡を保っていることである。この均衡は人々の習慣パターンや相互行為を支える種々な制度によって支えられている。政治は贅沢の何を問題とし、またそれによる統制はどのような効力を発揮してきたのだろうか。政治統制の歴史は、人々の贅沢欲求が国家権力によっても完全に消滅できないことを示している。一時的に抑制できたとしても、それは雑草の根のごとく人々の心底にしぶとく生き残ってきた。

▼贅沢禁止法

具体的には、政治統制は贅沢を禁止する法令によって行われる。この法令は多様なかたちをとるが、一括して贅沢禁止法と呼ばれてきた。贅沢禁止法は贅沢の対極にある。誰のどのような贅沢を禁止したのか。法対象の人とその贅沢品は、その種の贅沢が禁止法によって規制しなければならないほど強かったことを示している。それらによって、政治権力がその規制によって何を問題にしてきたかもわかるだろう。この問題は時代によってまた国によって異なっている。いくつかの代表的な贅沢禁止法を見てみよう。

ローマ帝国の贅沢禁止法　ローマ帝国の大カトー（前234－前149）による統制は、歴史上で著名な最初の事例である。彼は「プルタルコス英雄伝」[*36]にも名を連ねる。それによると、大カトーは平民出身で若い頃は軍役につき、ローマの覇権を決定づけたポエニ戦役でカルタゴと戦った。その過程で質素と克己《こっき》の大切さを知る。その後に政治の世界に入り、優れた弁論術を活かして法務官、財務官などの高級官職を経て、ついには共和制ローマの最高官職である執政官を経験した。そして、最後に執政官経験者にのみ許された監察官に就任した。監察官の職務は、国勢調査の実施とローマの風俗の監視であった。その権限は元老院議員の行状の監視にまで及んだ。

これらの一連の要職を経る過程で、大カトーは宿敵カルタゴの完全撲滅を主張する一方で、ローマ帝国の繁栄の基礎になった質実勤勉という、ローマの遺風《いふう》の守護神として立ち現れる。彼はギリシャやオリエントの文化流入によって、贅沢や快楽主義がはびこり始めたのを苦々しく思っていた。贅沢について彼が問題にしたのはふたつである。ひとつは女性の贅沢であり、他のひとつは食事についての贅沢である。*37

ローマ帝国では前215年から、女性についての贅沢禁止法があった。その内容は半オンス以上の黄金を持ってはならない、色染めのローブを着てはならない、市内で馬車に乗ってはいけない、というものであった。帝国が繁栄するに伴い、元老院議員（上流階層）の妻たちは徒党を組んでその廃法を願った。しかし、前195年に大カトーはそれに反対した。女の贅沢は歯止めがきかないだけではない。廃止すれば女たちの間で顕示（見せびらかし）競争が始まり、社会が贅沢や快楽主義の方向にさらに強く流れると考えたからであった。彼の女性観によれば、野生動物と同じであり、制御しがたく、感情だけで動くというものであった。

彼の雄弁にもかかわらず、贅沢化への世相を背景にこの法令は廃止になる。しかし、彼の思いは生き残り、別の贅沢禁止法が現れることになる。その中心は饗宴《きょうえん》に関わる一連の贅沢禁止法である。饗宴は共和制下の選挙政治で中心的役割を果たしていた。私邸への夕食招待を通じて、集票や政治的な買収、汚職、収賄が行われた。このため、饗宴は帝国で贅沢を楽しむ主要な場にもなった。そこでは個人が道楽や野心の実現を追求した。

規制内容を要約的に言えば、（1）招待客人数、（2）エビ、カニ、貝などの高級食材、輸入鳥、外国産ワインなど食材、（3）使用銀食器、（4）費用などについての種々な制限であった。

この種の贅沢禁止法は、大カトー以降に帝政に入ってもアウグストゥス帝（前27－14年）、ティベリウス帝（前14－14年）の時代までたびたび出された。しかし、ますます盛んになる贅沢の風潮や食品価格の高騰などにより十分に機能しなかった。

英国の贅沢禁止法　中世に入って欧州では贅沢禁止法が復活する。その先鞭を切ったのは1336年の英国における贅沢禁止法[*38]である。ローマの禁止法と同じく、まず食事について制限した。ふたつ以上のコースがないこと、各コースではソースのない二種類以上の食物があってはいけないなどといった内容である。しかし、ローマの禁止法とは異なる内容も登場する。それは女性ではなく男性の衣服についての制限である。

この衣服制限法は衣服の最高価格を指定し、あるタイプの衣服の着用を制限することであった。規制対象者は上流階層以下の地位・職業についている人たちであった。その区分は、最下層民、下僕・下男、商人・職人、騎士ではないジェントルマン、騎士といった当時の社会階層である。たとえば、最下層民は衣服でなく毛布を使うこと、騎士階級でも金、アーミン毛皮、宝石装飾の衣服を着てはならないといったことが決められていた。このような規制は中世から近代初期まで続く。17世紀初頭にはフランスもこの種の規制を導入した。

衣服はその人の社会的地位を他者に伝達する媒体としても機能する。社会的地位により身につけても良い衣服を制限することは、同時に社会階層を固定化することでもある。英仏などでこの種の贅沢禁止法が登場した背後には、近代が近づくにつれて社会階層秩序の流動化の兆しが現れたからであろう。一方、ローマ帝国での贅沢禁止法が衣服を対象としなかったのは、その当時の社会階層秩序は寡頭政治によって支えられ、確固としたものであったことを反映している。

英仏では、商業の発展による経済圏の拡大や新しい産業の進展により社会経済構造が変動し、その機会を捉えた者が財力をつけつつあった。英国ではとくに中間階層とジェントリー層が経済力を向上させつつあった。彼らはすぐ上の階層の衣服を模倣することによって、地位向上を社会的に訴求しようとした。こうして衣服は体制秩序の破壊者と見なされるようになったのである。しかしながら、市場経済が発展するにつれて、社会的地位上の細かい差異は消滅した。これにつれて衣服の贅沢禁止法は18世紀には消滅した。

日本の贅沢禁止法　日本は贅沢禁止法の長い歴史を持っている。古代ですでに「過差の制」があった。主として貴族・官人を対象にして、朝廷に出仕するさいの服務規程である。その後、室町にいたるまでこの種の法令は次々に出されたが、贅沢化への社会的風潮を止めることはできなかった。しかし、徳川幕府の成立とともに、規制対象者を社会全体に拡大した贅沢禁止法が現れる。*38 それは17世紀の前半から19世紀の中頃にいたるまで次々に出された。これは規制対象者の贅沢願望が強く、法の抜け穴を次々にかいくぐろうとしたせいであろう。

国際的に見ても、この贅沢禁止法はもっとも厳格なものであったといわれる。規制対象者を詳細に区分した上で、詳細きわまりない規制を行おうとしたからである。規制対象者を士農工商という基本区分で行っただけでなく、各階層内部でもさらに細かく区分された。武士では旗本や下級武士といった区分を設けた。農では名主や農民を脇百姓から区分した。商については一般町人と下女・端女《はしため》を区分した。

主要な規制内容は衣服である。身分により衣服素材、袖付きか否か、色彩、金紗・刺繍・絞りといった装飾などが規制される。たとえば、一般農民については麻布・木綿に、下級武士については紬・絹までに、贅沢な装飾は禁止するといった内容である。衣服の使用者に対する規制だけではない。同時に呉服屋や生産・染色業者に対しても、販売可能価格の上限や贅沢品の生産・新製品開発が禁じられた。18世紀に入ると、奉行所が町ゆく人の着用衣服の監視まで始めている。

徳川幕府の贅沢禁止法の狙いは英仏と同じである。衣服が社会的地位の伝達媒体として機能するかぎり、その自由化による贅沢は社会階層秩序を乱すと見なしたのである。それが国際的に見ても前例のないほど厳格を極めた理由は、長い戦国時代を経て徳川幕府が成立したという事情が背景にある。百姓出身で天下を握った豊臣秀吉に象徴されるように、戦国時代は社会階層がきわめて流動的な社会であった。これを踏まえて徳川幕府は武士支配のもとに変化なき太平の世の実現を目指し、あらゆる変化の芽を摘み取ろうとした。鎖国、厳格な階級身分制度、家長世襲にもとづく家族主義などである。

しかし、幕府のもくろみに反して、江戸時代には新しい社会経済構造が胎動しつつあった。太平の世の実現によって商品流通市場は全国に拡大した。参勤交代制による道路など交通網の整備はそれをさらに促進した。社会変動の芽になったのは、これらの機会を捉えてその富力を急速に増した大都市の町人層である。彼らは幕府の贅沢禁止令下でも、元禄文化のような贅沢文化を生み出した。これに対する幕府の統制後でも、贅沢禁止令に対する違反は絶えることがなかった。

社会の経済発展が続くかぎり、それはつねに新しい富裕人を生み出す。新富裕人の贅沢願望は強い。彼らはより上位階層の贅沢趣味を吸収し、新しい社会的地位を誇示しようとする。これは贅沢の基本ダイナミクスであり、文明史で絶えず繰り返されてきたことである。既存の社会階層構造を贅沢禁止法による政治統制で維持しようとしても、つねに経済発展の新しい波に呑み込まれてきた。長期的に見ると、贅沢への政治統制力は短期的には一定の効果を持つにしても、長期的に見ると低下してきたのである。歴史事例から判断するかぎり、人々の贅沢欲求はいかなる手段によっても長期にわたり完全に抑止することはできない。それは生活美学を求める人間文明史の基本的な推進力である。

第3章

贅沢の近代法則

新富裕人の贅沢パターン

贅沢の近代法則の誕生は経済成長への離陸と密接な関連を持っている。古典法則を生み出した変化のない伝統社会は、経済成長が始まると、もっと動的な産業社会に変わっていく。この過程は経済の量的拡大だけでなく、それを支える経済構造の質的な変化を含んでいる。その最初の新しい風は、商品・貨幣経済の普及である。ほとんどの製品が商品化して、貨幣で購買しなければ獲得できないような社会が登場する。

贅沢の近代法則はこの風によって作り出され始める。近代法則の主要な担い手は、この風に乗って登場した新しい富裕層である。彼らの事業は、遠隔地商業に関わる物品販売、金融、運輸などの商業、製品の工場生産などの製造業者から始まった。やがてそれらの事業は種々な分野での近代企業と発展していった。その担い手たちが新富裕人に加わった。新富裕人の登場とともに、贅沢人は伝統社会のように王侯・貴族だけでなくなり、その頭数が増えていくことになる。

経済発展の通説では、経済成長への離陸期を、一連の技術革新による産業近代化に求めることが多い。[*1] 具体的には、18世紀に英国を先鞭に他国にも拡がった産業革命である。しかし、産業革命によって伝統社会が一気に近代社会に変わるわけではない。飛行機の離陸が長い助走を必要とするのと同じく、経済成長への離陸はそれに先行する準備期間を要した。

本書でいう経済成長への離陸は、この助走期に始まり、産業革命などによる近代化を経て、大企業体制にいたる時期である。経済成長への離陸の開始をこの助走期から考えよう。助走期の重要な出来事は商品・貨幣経済の普及である。西欧を例にとれば、14世紀前後のイタリア・ルネサンス期から始まる。[*2]歴史学ではこの時期以降を近代と呼ぶ。助走期はこの近代の前半期である。この期では商品・貨幣経済の普及が伝統社会の諸制度とぶつかり始めた。また、マルティン・ルターやカルビンによる宗教改革は企業人輩出の精神基盤となった。[*3]これらによって生まれた混沌が伝統社会の秩序と混じり合った。複雑系でいうところのカオスの縁である。贅沢の近代法則を担う新しい贅沢人もこの時期から登場し始める。

近代法則は固定的な社会階層が雪解けのように崩れ始めた助走期から芽生え始め、経済成長の加速とともに一気に花開いた新しい法則である。これらの新法則は古典法則と完全に入れ替わったのではなく、その上に地層のように積み重なった。実際の地表面では場所により旧地層が表出して新地層とともにまだら模様を描くように、近代法則は古典法則と混在して、多様な贅沢世界を創り出すことになる。

3-1　経済成長は贅沢の輪を回転させる

▼世界の経済発展

数量経済史の成果によれば、世界の主要地域での経済発展の様子は表3－1のようになっている。この表でGDPは、1990年のUSドルを基準にしたID（国際ドル）という仮想単位で表されている。経済成長への助走期間は西欧や日本では長く数世紀を要した。西欧ではルネサンス以降に、また日本では社会が安定した江戸時代以降から始まっている。米国と中国の助走期間は短い。米国では新大陸として伝統的社会制度がなく、中国では共産革命や文化大革命により旧制度が完全に払拭されていた。経済成長にさいして、両国は先行発展国の経験を急速に吸収できた。

経済成長の加速は、西欧では19世紀の産業革命期と第二次大戦後の経済復興期に現れ、米国でも同じパターンである。米国では19世紀の西進運動と産業革命期、および第二次大戦後の経済復興期に経済成長率が飛躍的に上昇している。日本では明治維新とその後の産業革命期、および1950年代から1970年代にかけての高度経済成長期、また中国では中華人民共和国の成立とその後の経済開放による驚異的な成長期である。

表3－1　地域別GDP（推計値・百万ID）の推移とその時期別年平均成長率（%）

	西欧		米国		日本		中国	
西暦	GDP	年平均成長率	GDP	年平均成長率	GDP	年平均成長率	GDP	年平均成長率
0	11,115				1,200		26,820	
		0.0				0.1		0.0
1000	10,165				3,188		26,550	
		0.3				0.2		0.2
1500	44,345		800		7,700		61,800	
		0.4		−0.3		0.2		0.4
1600	63,955		600		9,620		96,000	
		0.3		−0.1		0.5		−0.1
1700	83,395		527		15,393		82,800	
		0.6		2.7		0.2		0.8
1820	163,722		12,548		20,739		228,600	
		1.6		4.2		0.4		-0.4
1870	370,223		98,374		25,393		189,740	
		2.1		3.9		2.4		0.6
1913	906,374		517,383		71,633		241,344	
		0.9		2.2		1.7		0.0
1950	1,401,551		1,455,916		160,966		239,903	
		4.8		3.0		9.3		5.0
1973	4,133,780		3,536,622		1,242,467		740,048	
		2.1		3.0		3.0		6.8
1990	6,960,616		7,394,598		2,581,576		3,873,352	
		4.4		2.7		0.9		9.8
2003	8,643,800		8,430,800		2,699,300		6,188,000	

データ源：GDP数値はMaddisonデータについての田口宏二朗による整理にもとづいている（田口　宏次朗（2014）、「『経済成長』の中国史、大阪大学中国文化フォーラム・ディスカッションペーパー　No. 2014-4；Maddison・A(2001), *The World Economy: A Millennial Perspective*；Paris:OECD, (2007), *Chinese Economic Performance in the Long Run*, 2nd edition,Paris:OECD. 時期別の年平均成長率は筆者の計算による。

▼贅沢の輪が回る

贅沢の法則から見ると、経済成長の助走期以降に特徴的な変化がある。それは贅沢人の数が増大したことである。それまでの伝統社会では、王侯・貴族など一握りの上流階層の人たちだけが贅沢人であり、それ以外のほとんどの人は貧乏人であった。貧乏人は、それぞれの時代・地域における贅沢とは縁遠い人たちである。贅沢品が彼らの生活を彩ることはない。彼らには富もなく、また生活を楽しむ余裕もなかった。その趣味文化は未熟でただ生命・生存を維持するだけの生業型の生活をしていた。貧乏人が贅沢人になることはなかった。贅沢人の数は身分制により限定され、大きく変わることはなかった。

しかし、経済成長が加速すると贅沢人は多様化しながら、その数を増やしていく。それを生み出したのは贅沢の輪である。贅沢の輪とは、図3－1に示すように、個人あるいは家族が経済発展の過程でたどる贅沢との関わりの経路である。個人がこの各段階を踏めば贅沢の輪が回る。贅沢の輪は現在にいたるまで回り続けている。

貧乏人の存在　貧乏人は伝統社会だけにかぎらず、いつの時代でも存在している。社会階層が存在するかぎり、その最下層に位置する人々には貧乏人である人が多い。明治維新後の日本を例にとれば、第二次大戦前ではとくに東京、大阪などの大都市には、貧民窟があり貧乏人が

図3－1　贅沢の輪

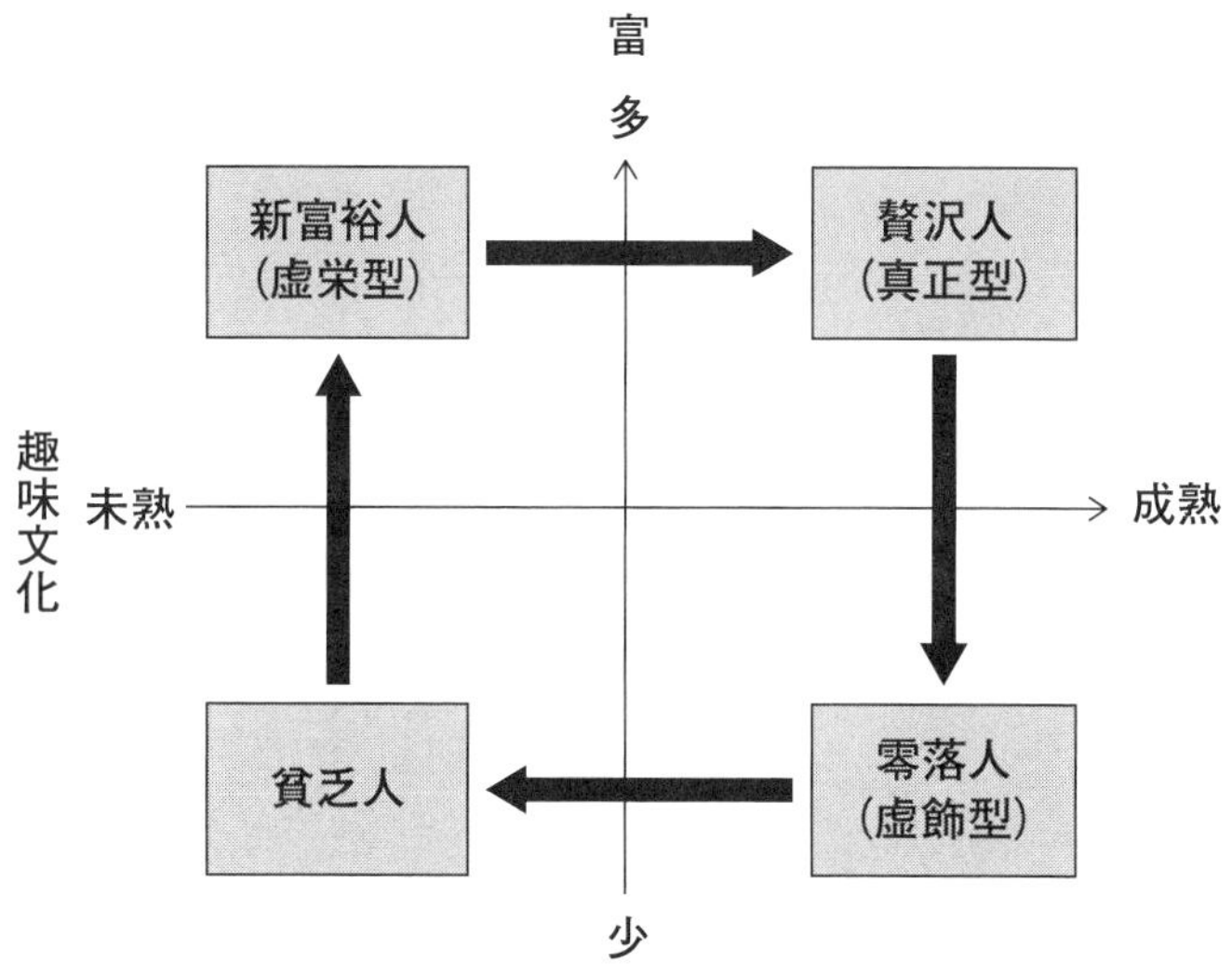

密集していた。地方の農村には貧困にあえぐ小作人がいた。高度成長により豊かな社会になったといわれる戦後でも、貧乏人はなくなってはいない。現在では生活保護世帯、母子家庭、臨時や非常勤での就業者、零細サービス業就業者などには、生活に困窮している貧乏人が多い。毎日をどのように食いつないでいくのか。これが貧乏人の最大の生活目標であり、贅沢はまったく外の世界の出来事である。

新富裕人への機会　しかし経済成長が始まると、商売や事業の機会も多様化していく。若ければこれらの機会を利用できる。貧乏人に生まれても時流をかぎ分け商才を持つ者、中小零細企業者でも企業家精神に富むもの中には、一代で富の獲得に成功する者が出始める。現在では奨学金を得て名門大学を卒業し、成長性が高く給与水準の高い企業などに就職できれば貧乏から脱出できる。これらの人が新富裕人になる可能性がある。贅沢の輪で新富裕人の入り口に立つ最低必要条件は、必需支出をまかなうに十分な財力・富を獲得し、かなりの自由裁量支出をできることである。

経済成長があまりにも急激に進む時には、いわゆる好景気が訪れる。好景気はしばしば土地、株式、あるいは特定商品の需要や事業機会を加熱させる。これらの機会を捉えた者は急速に富を蓄積して新富裕人になる。そのことへの社会的羨望《せんぼう》も伴い、急に富を得た者はよく言われない。成金やスノッブといった呼称はその代表例だろう。

成金という呼称は日露戦争後の株式好況で一時巨万の富を得た男を、将棋でいう歩が金に成ったようなものだと評したことから生まれた言葉である。日本の高度成長期では多くの土地成金が輩出した。スノッブという用語は気取り屋の俗物とも訳されるが、産業革命期の英国で新興中間層者への悪評として始まった。より上層の階層に取り入り、下層の者を見下すという意味がある。

贅沢人への移行条件　富に余裕ができたとしても、新富裕人はその富力によってすぐに金持ちの贅沢人になるわけではない。経済成長が始まる以前の古い時代から、金持ちの性格はしばしばしば非難の的になる。古代ギリシャの哲学者アリストテレス（前384－前322）によれば、金持ちは傲慢かつ不遜《ふそん》、贅沢好みで横柄である。

この根底には金持ち特有の思い込みがある。彼が思い込んでいるところによれば、自分が欲しがるものは他人も欲しがる、自分はそれらを何でも持っている、良いかどうかを決める基準は富である。富に任せて獲得したものに取り巻かれて生活し、他人に見せびらかしたいと思っている。古くからの金持ちにくらべると、新興成金ほどこのような傾向が強くなるという。[*4]この性癖は現代の新富裕人でもそれほど変わっていないだろう。

新富裕人は、生活美学を楽しむための趣味に欠ける場合が多い。これらが身につかなければ贅沢人にはなれない。幸いにして良家に生まれ、親からの相続財産によって富者である者は、その家庭生活を通じて贅沢趣味を自然と身につけることが多い。しかし、一代にして富者になった新富裕層は、そのような環境に育っていないから、贅沢趣味は身についていない。富者になった後の社会的交際の広がりや、あるいは良家出身者との婚姻などを通じて贅沢趣味を身につけることができれば、新富裕人は贅沢人に変身することになる。

零落人《れいらくにん》への転落　伝統社会と異なり成長経済社会では、その社会的地位の経済基盤が一生の間でも大きい変動に晒《さら》されることが多くなる。財を得た新富裕人も、放蕩《ほうとう》などにより富を消尽してしまうかもしれない。あるいはそれまで贅沢人の地位にいた人でも、その富を支えていた基盤を失うかもしれない。東電や東芝のような超一流といわれた企業の幹部社員であっても、経営破綻以降はその財力基盤が大きく変貌する。さらに急激な経済発展が社会制度の激変を伴う場合はそうであろう。日本の例では明治維新後の廃藩置県は中下流武士を没落させ、第二次世界大戦後の政治経済体制の民主化などは、華族、地主などの財力基盤を崩壊させた。贅沢人がその富の基盤を失うと零落人になる。零落人は富の基盤を失ったかつての贅沢人である。

富の蓄積を完全に消尽してしまうと、零落人は糊口《ここう》を凌《しの》ぐ貧乏人になるかもしれない。明治維新後の没落士族などはその典型事例であろう。没落士族生まれの樋口一葉が亡くなる一年前に記した日記の一節は、その様子を鮮明に伝えている。「この月をどうして過ごしたら良かろう。ああ、米もなくなってしまった。お金もまったく入ってきそうにもない」[*5]

▼贅沢の輪に伴う贅沢様式の変化

贅沢の輪が回るにつれて、贅沢との関わり方も変化する。図3－1での貧乏人、新富裕人、贅沢人、零落人は、この関わり方の四つの理念型である。理念型とは論理的な典型である。贅沢が富と贅沢趣味の結合であるとすれば、この両者の有無により論理的な四つの理念型ができる。貧乏人は富も趣味もない。新富裕層は富はあるが趣味は未熟である。贅沢人は富と贅沢趣味を兼ね備える。零落人は富は少なくなっているが贅沢趣味を持っている。

新富裕人の虚栄　貧乏人は贅沢にまったく関わりない。贅沢は外の世界の出来事である。幸いにして富を獲得すれば新富裕人になる。新富裕人の贅沢への関わり方の特徴は虚栄である。その成功を誇示するため、うわべだけを飾って、自分も贅沢人であるかのように見せようとする。目を引く豪邸に住み、身の回りを高額品で飾る。

たとえば、大正初期のある成金紳士が身につけていた商品の価格総額は638円にのぼった。当時の小学校教員の初任給が12～20円であったから、いかに高額であったかがわかる。[*6] 現代風にいえば、シャルベのワイシャツとネクタイに、初期007が愛用したというフランチェスコ・スマルトの背広をはおり、ロブロンドンの靴を履く。パティックフィリップの時計を光らせた腕に、ダンヒルの高級ブリーフケースを抱えれば、似たような出で立ちになる。しかし、その全体的なコーディネートに関しては、贅沢趣味を特徴づける洗練さはない。

贅沢人への3段階　新富裕人も贅沢趣味を身につけていけば、贅沢人に移行する。この移行過程では、富の程度に依存して、3つの段階を踏むだろう。それは一点贅沢、局面贅沢、そして全面贅沢である。一点贅沢では特定一品目について贅沢品を使う。日本の高度成長の初期にはこの一点贅沢がはやった。男性ではネクタイ、時計、ライター、万年筆、ゴルフ用具の海外ブランドものが対象になった。女性ではディオールやヴィトンのバッグなどである。いずれにしても他者との社会的交流で、できるだけ目立つ製品が一点贅沢の対象になった。

局面贅沢は生活上の特定局面を彩る製品についての贅沢である。衣食住遊は代表的な特定局面である。各人の趣味に応じて、これらのいずれかの局面での贅沢品が使われる。着道楽、食道楽という言葉は、衣食の局面での贅沢趣味を表している。これに加えて、住道楽や遊道楽といった局面贅沢もあろう。住道楽では他者との社会的交流の場になる客間、居間・応接間、食堂などでの家具調度、絵画や置物といった装飾品、食器などに贅沢品を使う。遊道楽は高級車、海外・国内への観光、歌舞伎・演劇、高級なレストラン・割烹・寿司屋などでの贅沢である。

衣食住遊の全局面に贅沢が及べば全面贅沢になる。全面贅沢を楽しめる人が本物の、つまり真正の贅沢人である。全面贅沢にいたるには豊かな富と贅沢趣味の蓄積が必要である。全面贅沢を楽しむ人は、何代にもわたり上流階層に位置した人や一代でも巨万の富を獲得した人だけだろう。経済成長によって生まれ出る贅沢人にも、一点、局面、全面の贅沢人がいる。一点贅沢人は限界贅沢人であり、その対極が全面贅沢人である。新富裕人はこのような順序で贅沢人への途を歩む。

零落人の虚飾　しかし、経済発展に伴う変動の中で、贅沢を支える富を失う人もある。富を支えた事業が衰退したり、地位を喪失した結果である。この種の人が贅沢の零落人である。零落人は贅沢消費が習慣化しているけれども、それを支える財力基盤を失った人である。しかし、零落人は所得が半分に減っても消費は半分も減らず、それまでの消費水準を維持しようとする傾向がある。マクロ的消費に見られるこのような傾向を、経済学者はラチェット（歯止め）効果と呼んでいる。零落過程ではこの種の効果が個人にもミクロ的に働くだろう。

ラチェット効果は財力基盤をさらに悪化させる。限界贅沢人に近づくほど、贅沢を支える富は少ないから零落人になる可能性は高くなる。零落人は富は失っても、贅沢人の快楽生活を忘れられない。贅沢趣味が残るかぎり、富がなくなっても手元に残った数少ない贅沢品を一種の仮面として、贅沢人であるかのような見栄を張りたがる。零落人の消費は贅沢人の仮面をかぶった仮面消費であり、いわば虚飾型である。

この虚飾型の仮面消費には、いくつかの代表的パターンがある。消費を他人の目に触れる外面消費と他人の目に触れない内面消費に分けるとすれば、贅沢の維持は内面消費を犠牲にして外面消費に向けられる。内面消費の領域は食事、下着や家庭内雑貨のなどの領域である。また外面消費の領域では、妻、子供、夫の順番に贅沢消費の比率が減少していく。家庭の財力を社会が識別する機会としての社会的交際は、このような順序で減っていくからである。

しかし、いずれにせよ、虚飾型行動をとり続けると、零落の過程は全面贅沢から局面贅沢へ、そして一点贅沢という路をたどっていくであろう。荒《すさ》んでいく生活の中で贅沢趣味も失っていけば、貧乏人に転落するかもしれない。

3-2 新富裕人が贅沢人の予備軍になる

▼経済成長に伴う新富裕人の増加

贅沢予備軍としての新富裕人　経済成長への離陸が始まると、個人の財力には機会と脅威がともに訪れる。個人の才覚により富を獲得する人もあれば、今まで持っていた富の基盤を失う人もいる。各個人について贅沢の輪が回り、またその速度も速くなる。経済成長が続くと、機会は脅威よりも多くなり、この過程で新富裕人が社会的に増加していく。しかし、富を持つだけでは贅沢人になれない。贅沢人になるには富を贅沢趣味と結合しなければならない。だから新富裕人は贅沢人の予備軍といえよう。この予備軍はどのように生まれてきたのか。

成金の性格について前節でのアリストテレスの言及が示すように、新富裕人は古代から存在した。しかし新富裕人が次々に登場し始めるのは経済成長への離陸期以降である。経済成長への離陸が始まると、新富裕人が周期的に誕生するメカニズムができる。この新富裕人はどのような特質を持っているだろうか。王侯・貴族など伝統社会での富裕人とくらべると、新富裕人は富の源泉においても、また富の使用に関する経済原則においても異なっていた。まず、富の源泉の新しさから検討しよう。

富の新しい源泉　伝統的富裕人の富の源泉は、土地所有を主要基盤とする世襲的な身分地位である。いわば固定的な源泉であった。これに対して、新富裕人の富の主要源泉は個人的才覚やそれにもとづく事業であった。個人の才覚により、収入は大きく変動した。経済構造のどのような質的変化によって、富獲得の機会が増加し始めたのか。通説によれば、一連の技術革新による産業近代化を強調している。歴史事例としては、18世紀に英国から始まり、その後に欧米諸国に拡がった産業革命が挙げられる。より一般的にいえば、経済成長への離陸は、未発達で低所得の国家経済が近代的な工業経済に生まれ変わる過程であると解されている。[*7]

しかし、歴史的に見ると、経済成長への離陸に必要な経済構造の質的変化は、産業革命以前から始まっている。その内容は商品・貨幣経済の普及である。西欧を事例にとれば、イタリア・ルネサンスが始まった14世紀前後、つまり近代と呼ばれる時期以降からである。[*8] 現代の市場経済にいたる途の始まりである。

経済成長への助走期間は地域により多様である。他国への侵略戦争による版図の拡大は国内市場を拡大する。同じように、未発展国の植民地化なども新しい資源獲得によって経済を刺激する。たとえば、アメリカ大陸の植民地化によって、大量の銀が西洋に流入して経済構造を変えた。15世紀半ばから17世紀まで続いた大航海時代では、欧州から他の地域への新しい輸送路が生まれた。これを通じて西洋は工業製品の原料源を確保するとともに、その工業品を売りさばく大きい販路を手に入れた。さらに、経済発展は政治革命により経済発展を阻害していた規制などが撤廃されることによっても生じた。たとえばマルティン・ルターやカルヴァンによる宗教改革は、企業人がその創業資金を貯める精神基盤となった。*9

商品経済の普及　このような要因は商工業を発展させた。ローマ帝国による中央集権的統治の崩壊後、欧州では大小の国家や領国が割拠する分権統治の社会となった。武家政権成立後の日本も同じである。各国は領土拡張をめぐって多くの戦乱も引き起こしたが、同時に産品を各国間で取引し経済を維持することも重要になっていた。このために、食料、織物、金属・冶金《やきん》など産品開発や、取引を担う商業、輸送業、為替など金融業が必要になっていた。いわば種々な事業機会が雨後の筍《たけのこ》のごとく芽生え始めたのである。

この変化につれて商品経済が急速に普及した。ますます多くの物品が商品化して、それを獲得するには貨幣が必要になった。これに伴い、富についての人間欲求も変化した。金銭への欲求が急速に高まった。王侯・貴族など上流階層の関心はそれまでは黄金を中心にした財宝づくりであった。それが金銭欲へ重点が変化した。資金を持つ者は金銭を運用して利殖を目指すようになる。金銭欲は中流階層から下流階層にまで拡がっていく。金持ちになろう、なれなくても金持ちらしく振る舞おう。このような動機が社会的に広く普及していった。

▼富使用の新原則

新しく富を獲得した新富裕人は富の使用に関しても、伝統社会の経済原則とは異なっていた。伝統社会の経済基盤は農業である。生業とは生活維持のための職業である。各社会階層はそれぞれの生活水準を維持できる物資が獲得できればそれで満足した。たとえば、下層の農民や手工業者はその業務を先例、慣習、伝統に従って行い、生存水準を維持しようとした。上流階層は領国など支配地域からの税収などにより、その地位を社会的に誇示できる生活水準を維持できればそれに満足した。生業経済の担い手の特質は、固定的な目標設定と業務遂行における伝統主義である。生業経済では希求する生活水準を維持できる収益が獲得できればそれで満足した。この意味で収益目標は一定で固定的であった。

これに対して、新富裕人の目標は変動的な最大限の収益獲得である。このため伝統的な仕事だけでなく、新しい仕事・事業を求めるようになった。また収益を上げるためにかかる費用にも注意を向けるようになる。収益と費用の差額である利益をより大きくするためである。そして費用対収益の比較による利益追求が事業遂行の重要な課題になった。利益優先は市場経済におけるもっとも基本的な経済原則である。

複式簿記はそのために生まれた基本技術であった。15世紀にルカ・パチョーリはヴェネチア商人が使用していた複式簿記を学術的に体系化し、主著「スンマ」で紹介した。同書はその後に西欧の商人たちの間に広く普及する。複式簿記は貸借対照表によって事業資本の調達源泉とその運用形態を示す。また損益計算書により一定期間で事業活動が生み出す収益と費用、そしてその差異としての利益を示す。これらの財務諸表は事業が市場とどのように関わって利益を上げたかの全体像を写し出している。

▼企業家の登場

企業家精神　利益追求を目指す新富裕人の情念は企業家精神である。この情念もルネサンス期に生まれた。L・B・アルベルティ（1402－72）の「家族論」は、企業家精神の源流を述べたものとして、後世まで多くの事業家にも影響を与えた。[*10] 彼はフィレンツェで銀行業を営む有力商人貴族として生まれ、建築をはじめ諸学に通じた万能の人である。この著の中でアルベルティは家政経営の要諦《ようてい》として利益優先原則を明確に述べている。

その原則とは、「忘れてもらいたくないことがひとつある。わが息子たちよ、心に留めておいてくれ。―支出が収入を超えないようにすること」[*11] ということである。贅沢支出との関連でいえば、支出を制限するのは収入だということだ。言い換えれば収入が増えれば、贅沢支出は増加しても良い。この原則が守られるかぎり、事業家およびその家族の品位を維持するための居宅、衣服身の回り、交際費などの贅沢は事業家の必要経費になる。

利益追求心はやがて事業主体を個人から企業へと転換させていった。企業の特質は将来計画を組織によって実現する点にある。組織化により、企業家はその意思の下に多数の人の持続的活動を統合する。こうして金銭欲は組織と結びついて企業家精神の原型となった。企業家精神は企業家の情念である。それは未来指向、ロマン、挑戦、危険負担、多方面指向といった要素からなる。西欧を例にとれば、企業家精神の芽生えはフィレンツェ、ヴェネチア、ミラノなど北イタリアから始まり、やがて南独、オランダ、フランス、イギリスへと数世紀かけて普及していった。

経済発展が生み出す事業機会に企業家精神で挑戦した人は多様である。時流の変化に目ざとい封建領主、聖職者、貴族の一部もその資産運用により利殖を獲得しようとした。これによってその贅沢欲求を支える財政基盤をより強固にした。しかし、中心になったのは事業家たちである。当初、これらの事業家たちは遠隔地間の流通に関与し、商業、運送業、銀行業に従事し新富裕層として成長していった。フィレンツェのメディチ家、南独のフッガー家は歴史に名をとどめ、ヴェネチアの商人はシェークスピア戯曲にも登場する。

多様な事業家の登場　18世紀の中頃に始まる産業革命後には、経済成長が加速する。都市への人口移動が増える。貴族が領地以外に都市にも邸宅を持つようになっただけではない。ブルジョアと総称される中流階層が都市に形成されたからである。ブルジョアは贅沢品生産者、貿易や金融の業者、法律、経理、医療といった専門職業者などから構成された。これらの職業の中で、自由裁量所得を持てる水準の者がブルジョアである。ブルジョアは貴族階層の贅沢を模倣するだけでなく、貴族の身分を手に入れようとした。それにより社会的地位を向上できるだけでなく、税金や公職に就ける特権を得られたからである。

その後さらに、種々な発明を基盤に大規模な製造業を創業する機会が生まれた。株式会社や証券取引所設立によって多くの人の投機を受け入れる器ができ、大規模事業のための資金を供給した。企業規模が大きくなると、従来の家族経営は近代的な企業に脱皮していく。近代企業を支えるには有能な幹部がいる。彼らは高給で処遇され、新富裕層の仲間入りをしていった。

経済構造の質的変化は経済成長の過程で周期的に繰り返される。この急激な変化は戦争、政治革命、経済改革、技術革新などをきっかけに生じてきた。これらは種々な新富裕人を誕生させる機会となった。外国事例では、産業革命後のとくに英仏でのブルジョアの台頭、米国での有閑階級の登場が著名である。近年ではシリコンバレーでのＩＴビジネスの成功者たち、経済開放後の中国で現れた数多くの世界的富豪など、枚挙にいとまがない。

日本の場合には徳川幕府の成立、明治維新、第二次世界大戦などによる社会経済構造の変化とその機会を捉えた商人、企業人の活躍などがある。西鶴は元禄文化を支えた商人を物語り、[*12]

横山源之助は明治維新後に登場した富豪たちを紹介している。[*13] 第二次大戦後にはトヨタ、ソニー、ホンダ、松下電器産業、そしてスーパー・専門店などの流通企業が大企業として急速に台頭した。その経営者や幹部たちは高給により贅沢人の仲間入りをした。

▼経済構造変動による富獲得の新機会

経済構造の質的変化のたびに、富獲得の新しい機会が登場し、それを素早く捉えた新富裕人が新たに形成される。現在の発展国では新富裕人の誕生には長い歴史がある。しかし新富裕人の誕生は古い歴史物語ではない。現在でも繰り返し語られる物語である。中国や東南アジアの新興国では現在進行中の物語でもある。そこでは事業創造に成功したスーパーリッチが次々に登場した。

さらに、現代では新富裕人のタイプはますます多様化している。社会のサービス経済化が急速に進行したためである。大衆のレジャー・エンターテイメント指向に対応するため、文芸本、アニメ、映画、演劇、コンサートだけでなく、大衆向けテレビ番組や雑誌が多様化し、また野球、サッカー、テニス、ゴルフなどのプロスポーツも隆盛を極めている。

これらの文化産業の発展によって、従来とは異なる新富裕人が次々に誕生した。俳優、歌手、タレントなどの芸能人、プロ・スポーツ選手、スーパーモデル、作家などである。彼らの中でもとくに一流人は巨額の報酬を獲得し、セレブと通称されるようになった。彼らは憧れの的になり、それを目指す多くの若者を文化産業に吸引した。しかし、彼らの新富裕人としての特徴は富裕人としての期間の短さにある。彼らの贅沢サイクルの回転は速い速度で回る。個人的な肉体的資質や大衆人気を長期にわたり維持することが事業人にくらべて難しいからである。

3-3 社会の贅沢観が振り子のように揺らぐ

経済成長に伴い贅沢が上流階層からヨリ下流の他の階層へ社会的に普及し始める。その促進要因は贅沢人予備軍としての新富裕人の台頭だけではない。もうひとつの重要な要因は、贅沢についての社会規範、つまり贅沢観の揺らぎである。贅沢が個人にとって悪徳か美徳であるのか、あるいは社会的に見ると私悪であるのか公益であるのか。社会規範はこの間で振り子のように揺れ動き始める。この振動は現在まで止まることなく続いている。しかし悪徳と美徳との間の振動の等時性は次第に破れ、美徳への振れが長くなる。贅沢が社会的にますます承認されるようになること、これも新富裕人の増加とともに、贅沢を社会的に広く普及させるための不可欠な要因である。

▼贅沢抑制の伝統的基盤

経済成長への離陸が始まるまで、贅沢は言うまでもなく、消費欲求それ自体がいわば悪徳と見なされていた。消費や消費者の意味の変遷がそれを雄弁に物語っている。消費は英語のconsumeの訳語である。この言葉は14世紀の英語から登場する。その語源はラテン語のconsumereである。その意味は「完全に取り上げる、食い尽くす、浪費する、費やす」である。初期の英語ではこの語源を反映して「滅ぼす、使い尽くす、浪費する、消耗させる」ことを意味した。*14

経済成長への離陸が始まるまで、一般大衆の必需品供給さえかならずしも十分でなかった。節約、倹約によって消費を切り詰め、とくに食料品を中心に必需品のストック減少をできるかぎり切り詰めなければ生存さえ不安であった。収穫期が限られ、その収穫量が天候などに左右される農業を基盤にした経済では、この種の生活倫理を徹底することが不可欠であった。こうして消費に悪い意味を持たせることにより、消費欲求を抑制する社会的、文化的圧力が政治的に作られた。贅沢が必需品以外のモノとして認識されるかぎり、その悪徳性は消費一般をはるかに超えるものであった。贅沢への倫理的・法的規制が社会的に広く普及していたのはこのためである。

▼マンデヴィルの衝撃

「蜂の寓話」の主張　この社会通念を揺るがす最初の衝撃が、産業革命を諸国に先駆けて先導した英国に現れた。マンデヴィル（1670－1733）の著「蜂の寓話」[*15]の主張である。社会構成原理が悪徳から美徳へ変化した場合に何が起こるか。彼は蜂を擬人化した寓話でそれを示唆した。美徳は人間がその本性の衝動に逆らい、有徳の士になろうという野心にもとづいている。それは、他の人々の利益なり自分の情念の克服のために、努力する行為である。一方で、悪徳とは、公共のことは考えずに、何であれ自分の欲求だけを満たすための行動である。私的欲求の実現を目指す贅沢が、悪徳の代表的行為であることは言うまでもない。

マンデヴィルの衝撃は、個人の悪徳と美徳が社会全体に生み出すパラドックスにあった。悪徳が支配していたときの蜂の巣は、繁栄し奢侈と安楽で暮らす蜂で一杯であった。しかし、美徳が支配するようになると、蜂の巣は衰退し始める。多くの蜂は仕事を失い、新商品も出回らなくなる。土地、家屋の資産価値も下がり、蜂の数も減っていく。蜂の巣は進歩もなく停滞した社会に様変わりした。個人が利己心にもとづき私利私欲に任せて行動することが社会全体としては繁栄をもたらす。マンデヴィルはこのことにもとづき贅沢を擁護した。

オランダ生まれのマンデヴィルは、医者となり20代の後半に英国に渡りそこで帰化する。当時英国では産業革命たけなわであった。首都ロンドンには金儲けの機会を探す多くの人が集まっていた。医者らしく、マンデヴィルは人間の動きをあるがままの状態で冷静に観察する。

彼の主張では、人間は理性よりも自負、希望、自愛心、羨望、虚栄、愛、色欲、恐れ、怒りなど、一言でいえば情念に従って動いている。それにもかかわらず、社会全体としてみれば英国は他国をしのぐ繁栄をしている。利己心にもとづく悪徳的な行動が社会を活性化し、多様な事業・商売を生み出していた。それが人々に就業機会を与え、経済を支える旺盛な消費を生み出していたからであった。

贅沢はこの種の消費欲望の代表であった。マンデヴィルによれば、贅沢とは人間の生存に絶対に必要なもの以外のすべてであった。必需以外のものとしての贅沢観である。しかし、何が必需かは時代によって変わる。必需と贅沢を区分する固定的な境界はない。贅沢の程度は、生存だけを維持する原始生活状態から、どれくらい離れたかによって判断できる。生活向上は贅沢を通じてのみ達成される。しかも人々が贅沢指向を持てば、事業や就業の機会が増え、社会全体としてはますます豊かになる。こうしてマンデヴィルは贅沢を抑制しようとしてきた倫理、政治、経済などについての社会通念を、偽善であるとして徹底的に批判した。

マンデヴィルの影響　このような価値転倒の主張は、当然に宗教界をはじめ当時の社会では、大きい批判に晒《さら》された。しかし、マンデヴィルの主張を完全に押さえ込むことはできなかった。

生まれようとしている新しい社会の動きについて、冷静な観察にもとづいていたからである。かえって、デヴィッド・ヒューム（1711－76）やアダム・スミス（1723－90）など、時代のオピニオンリーダーの贅沢観に大きい影響力を及ぼすことになる。

ヒュームは歴史、哲学、政治経済など多分野での啓蒙思想家として活躍した。彼はマンデヴィルを念頭に置いた小論[*16]で贅沢を擁護する。ヒュームによれば、贅沢とは快楽感覚での大きい改良である。商業が支配する今の時代こそ、この改良の時代であるという。そこでは貪欲、勤勉、技芸、贅沢が手を携えて躍動している。彼はマンデヴィルと同じように、産業革命後の英国の繁栄を見ていた。ヒュームの贅沢観によれば、過去の人類史と比較しても、もっとも幸せな時代である。贅沢欲求は人々を活性化させ、商業を発展させる。それらを通して、人々の自由を高め、それを通じて国力の高揚に貢献する。贅沢が持つこの正の効用に関するかぎり、贅沢は擁護されなければならない。

アダム・スミスの経済思想は、現代でも大きい影響力を持っている。その中核は、「見えざる手」と表現された、価格メカニズムによる需要と供給の自然調整機構である。価格が上がれば、需要は減り供給が増える。逆に価格が下がれば、需要は増え供給は減る。各人が利己心にもとづき行動しても、社会全体から見れば望ましい情況がこのメカニズムによって達成される。個人的には悪徳追求であっても、社会全体から見ると繁栄など公益を生み出す。[*17]マンデヴィルが注目したこのパラドックスを、スミスは価格メカニズムの作用によって明らかにした。

▼贅沢観の揺らぎ

個人的利己心にもとづく自由競争が価格メカニズムを有効に機能させる。この機能が社会全体にとっては公益を生み出す。利己心にもとづき個人が自由に職業選択を行い欲求追求すれば、種々な商売が芽生え市場の範囲が拡大していく。この拡大は社会的な分業を促進し経済活動はますます効率的になる。その結果、社会全体としては豊かになる。この市場経済への信仰は、種々な問題点はあるにせよ、現在でもその中心的位置を降りていない。

このような考えは、伝統的な贅沢観を大きく揺るがすことになる。第一に、職業選択など私的自由が保障されると、贅沢は上流階層の専有物ではなくなり、誰もがその才覚によりアクセス可能なものになる。第二に、贅沢欲求の追求に道徳的な罪悪感がなくなる。個人がこの欲求を追求をしても、見えざる手の作用によって経済が活性化して、社会全体としては豊かさが実現できるからである。

第三に、国の文化水準に対応しているかぎり、贅沢品への欲求も認められることになる。贅沢と必需の固定的区分を否定したからである。スミスによれば、生活用品はつねに進化している。「人間生活のすべての勤労は、われわれの3つのささやかな必需品、すなわち食物、衣服、住居の供給を手に入れるためではなく、われわれの趣味の微妙繊細さに応じた生活の便宜品を手に入れるために使用される」[*18]からである。文明国の最下層民の衣服でも、非文明国の上流階層の衣服よりも贅沢品であるという。彼は必需-贅沢ダイナミクスにおける贅沢から必需への流れを明確に理解していた。

▼贅沢罪悪感の希薄化

経済成長が加速していくと、贅沢への罪悪感は薄れてその追求がますます自由になる。このためいつの時代でも、世代年齢が下がるにつれて罪悪感は希薄になる。しかし、マンデヴィル、ヒューム、スミスなどの主張によって、その後は贅沢観の振り子が美徳の方向で完全に制止したわけではない。贅沢が悪徳になるかもしれないという懸念は根強く生き残っている。経済成長が長期不況によって停滞したり、あるいは環境問題などの制約により行き詰まりを見せそうになると、この懸念が新しい様相をとって息を吹き返す。それは贅沢という太陽が沈んだ後に輝き出す月光である。その典型はシンプルライフへの憧憬である。

シンプルライフはできるかぎり無駄を省き必需品だけによる生活である。必需品もしばしば自給する。モノの豊かさよりも心の豊かさを重視する。しかし、このシンプルライフは、かつてヘンリー・D・ソロー（1817-62）がウォールデン池畔に丸太小屋を建てて行ったような、自給自足的な生活様式[*19]に固定されてはいない。シンプルライフの具体的なかたちはきわめて多様であるだけでなく、シンプルライフのコンセプト自体も歴史的に大きく移り変わってきた。[*20]

必需の内容は時代の文化水準や生活環境状態に依存している。そのかぎり、シンプルライフを支える製品の内容も時代によって変動する。現在のシンプルライフでは、かつては贅沢品でもあった自動車、冷蔵庫、テレビ、電子レンジ、加工食品も、必需品になっているかもしれない。シンプルライフを支える製品の内容変化は、必需品と贅沢品の境界が時代によって変動することを反映している。

3-4 新富裕人は高額品を買いあさる

▼新富裕人の誇示消費

誇示消費とは　戦争、政治革命、あるいは交通・通信の技術革新などは、社会経済構造を大きく変化させる。それに伴い、人々の間の人生競争ゲームのルールがしばしば変わる。新富裕人はこの新しい競争ゲームの勝者である。勝者の他者に対する優越性は富の獲得能力にある。

その財力は、新しい時代での彼の優越性を証拠立てる勲章である。誰でも他者に対して自分の優越性を自慢したがるように、新富裕人もその勲章を誇示しようとする。そのための主要な手段として、他者への見せびらかしの消費、いわゆる誇示消費が使われる。

誇示消費というコンセプトは、もともと米国の経済学者ヴェブレンが使った用語である。[*21] 彼によれば、誇示消費は19世紀末の米国の急速な経済成長に伴い登場した有閑階級に特徴的な消費パターンであった。有閑階級とは社会階層の頂点に位置づけられる上流階層と同じである。これらの階層は生産的労働に従事する必要はなく、娯楽、社会的交際、スポーツなどを楽しむ閑暇《かんか》を十分に持っている。だからヴェブレンは彼らを有閑階級と呼んだ。誇示消費のコンセプトはヴェブレン以後も普及し、消費者行動パターンのひとつとして言及されるようになった。しかし、以下では誇示消費を新富裕人に特徴的な消費パターンとして捉えよう。

誇示消費の多様な様式　誇示消費の具体的なかたちは多様であり、歴史的にも徐々に変化する。かつては家事使用人の数と質、饗宴、舞踏会なども誇示消費の対象として含まれたが、現在では次のように変わってきた。目立つ服装で外出し、人が多く集まる場所や公的な場に現れる。時計、バッグ、ネクタイ、靴など、とくにアイ・キャッチャーになる身の回り品には、一目でそれとわかるブランド品を使う。高級なレストラン、割烹、和食店、ナイトクラブを利用する。車は誰でも識別できる高級車を乗り回す。邸宅は著名な高級住宅街にある邸宅や都心部の高級マンションである。移動するさいの列車や飛行機では、プレミヤム・シートに座っている。海外旅行する場合には、ビジネスクラス以上を使い、高級ホテルに宿泊する。トイ・プードル、チワワ、柴犬、ポメラニアン、ヨークシャーテリアなど、高額の愛玩犬を連れて散歩することも、ささやかな誇示消費の一種であろう。

▼新富裕人の高額品指向

誇示消費では、使用製品それ自体をメッセージ伝達の媒体として使っている。この種の行動は新富裕人以外でも見られる。しかし、新富裕人が誇示消費のために使う媒体製品には際だった特徴がある。それはかならずしも贅沢品ではない。むしろ高額品といった方が正確である。その製品カテゴリー内で、できるだけ高価格の製品を利用する、つまり高額品指向が新富裕人の誇示消費パターンである。これはなぜだろうか。

高額品と贅沢品　高価格は贅沢属性のひとつである。贅沢品はかならず高価格であるが、逆に高価格であれば贅沢品とは限らない。高価格であることは贅沢品の必要条件ではあるが、十分条件ではないのである。たとえば、珍しい古切手は高価であるが贅沢品とはいわない。カルチェの宝飾品は贅沢品の代表であるが、それは埋め込まれたダイヤの数に依存しているわけではない。贅沢品は、ヨリ高価なモデルの継続的導入、つまりトレードアップ戦略では作れない。

贅沢品には、高価格以外にも、卓越品質、審美性、記号性、稀少性といった他の贅沢属性が必要になろう。それらのうちで、どれが必要になるかは製品カテゴリーにより多様である。

財力指標としての高額品　誇示消費のために、新富裕人がなぜ高額品を使うのか。その理由は、新富裕人が誇示消費で伝達したいメッセージ内容に関連している。それは保有資産や所得水準など彼らの財力である。この点で新富裕人は他者に対する優越性を持っている。高価格であれば、その製品の所有者の財力の明確な指標だろう。新富裕人が使う高額品は、彼が財力に優越性を持っていることを、メッセージとして発信している。新富裕人の高額品指向はまずここから生じている。

新富裕人にとっては、価格が高まるほど製品の効用がそれだけ高まる。その結果、価格が高くなるほど、その製品への彼らの需要が増える。これは価格が高まるほど需要が減るという基本的な需要法則とは逆の動きである。経済学者ライベンシュタインは、価格上昇が需要を増加させる程度をウェブレン効果と呼び、誇示消費という現象を表していると指摘した。[*22] ウェブレン効果は、贅沢趣味をまだ完全に見つけていない新富裕人の消費行動で、もっとも明確に現れる。

未発達な趣味文化　新富裕人が製品選択で高額品指向を持つ理由はこれだけではない。もうひとつの理由は、新富裕人が贅沢品を楽しむに十分な趣味文化を、まだ十分に育成していないからである。新富裕人は社会階層の点で上昇志向が強い。彼が誇示消費をするのも、その財力の優越性を世間に認めさせ、ヨリ高い階層に自己を位置づけるためである。少なくともヨリ下流の階層との区分を確立するという目的には、高額品指向で十分であった。下流階層はその低い財力のために、新富裕層の消費パターンに追随できないからである。

欧州や日本など長い歴史を持つ社会では、新富裕人の上には伝統的な上流階級がいた。このような社会で新富裕人は、下流階層と区分するだけでは十分ではない。上流階層にも対応できることを示さねばならない。このため、新富裕人は上流階層の生活様式の模倣を心がけようとする。この上流階級は誇示消費のために贅沢品を常用する。だから新富裕人も指向としては贅沢品使用を指向した。

しかし贅沢消費には独特の障壁がある。贅沢品は高価格以外にも、卓越品質、審美性、記号性、稀少性といった非価格属性を持つからである。これらの属性を備えた贅沢品を楽しむには、種々な贅沢コードを読み取り、これらの属性を識別しなければならない。この識別には文化的な趣味教養が不可欠である。

多くの場合、名門家系といった家庭環境がこの種の趣味教養を育むが、新富裕人はこの種の階級の出身者ではない場合が多い。そのさい、彼にとって贅沢品を判断できる指標はとりあえず高価格しかない。価格からの連想によって、贅沢品の非価格要素からなる品質全体を推測しようとしているのである。たいていの新富裕人にとっては、上位階層を模倣して贅沢消費をするといっても、短期的にはとりあえず高額品指向を持つ以外に方法はなかったのである。

▼新富裕人の階層ポジショニング戦略

中間へのポジショニング　新富裕層が既存の社会階層でどのような位置を占めるのか。そのポジショニング戦略は、その既存の社会階層構造に大きく依存している。上流階層が存在したところでは、新富裕層は高額品指向によって下流階層とは差異化を図ることに成功した。しかし上流階層での贅沢消費については、模倣を目指したけども、その基礎にある贅沢趣味を直ちに習得はできなかった。

経済成長が続く過程で新富裕層の頭数は次第に増大したが、彼らの階層ポジショニングは下位階層との差異化には成功したが、上位階層との差異の克服には直ちに成功しなかった。こうして新富裕層は上流階層と下流階層の間に位置する中間階層を形成することになる。西欧社会で新富裕人としてのブルジョアが、一般に中間階層として位置づけられてきたのはこのためである。

新社会としての米国　しかし、とくに米国の新富裕人にとっては事情が異なっていた。新富裕人が歴史的に登場した時、彼らの上位にいる身分的社会階層は存在しなかったからである。

1776年の独立によって、少なくとも白人にとっては自由で民主的な国家を建設した。それ以降、米国は西部開拓や米西戦争の勝利によって広大な国土を確保した。多くの国からの自由を求める移民やアフリカなどからの奴隷輸入により人口が増加した。また豊かな資源を背景に経済発展が急速に進んだ。独立後間もない1800年には、人口10万を超える都市はなかったけども、1世紀後の1900年には、ボストン、ニューヨーク、フィラデルフィア、シカゴなどが100万都市として登場していた。産業革命後の経済成長に伴う新富裕層は、そのままこの社会での上流階層を形成した。

誇示消費の上限は、通常はその所属階層の上限や模倣対象の上流階層の水準に設定される。しかし、新富裕層にとって標的になる上流階層の不在は、この種の上限がないことを意味する。米国ではその経済成長に伴い、新富裕層が拡大して集団としての社会的影響力が拡大していった。さらに平均的な財力も上昇していった。これらを背景に誇示消費の上限自体が絶えず上昇することになる。このため高額品指向での上限も存在せず、高価格であるということの水準も絶えず上昇し続けた。

▼贅沢世界でのピジン語としての高額品

文化多様性と贅沢品　さらに米国独特の事情が付け加わる。経済成長に必要な人口増を達成するため、米国は建国以来、移民に頼ってきた。黒人奴隷のようにアフリカから強制的に移住させられた者もあれば、新天地を求めて東欧やアジアから多くの移民が米国に流入した。このため米国は地球上でもっとも多様な多民族・多文化国家になった。贅沢属性のうちで、卓越品質、審美性、記号性などを決める識別コードは文化の影響を強く受ける。何が贅沢品であるのかについて、国や地域間での多様性が生まれる。

このような文化多様性の中で、贅沢品であることを示すもっとも明確な記号は高価格である。価格は製品属性の詳細を伝える記号としては貧弱である。しかし、高価格は異文化交流に使われるピジン語と同じである。ピジン語とは、かつて貿易商人が異言語を話す現地人との意思疎通にさいして、自然に作られた接触言語である。たとえば、「久しぶりね」を"Long time no see."などというのはその例である。このピジン語と同じように、多文化社会での伝達で、高価格は贅沢品であることを、もっとも効率的に伝達できる贅沢属性であった。

金銭的基準の支配　この結果、とくに米国の消費文化では、高価格など金銭的基準が高価格以外の贅沢属性よりも、大きい影響を製品選択に及ぼすようになる。高品質であるかどうか、審美性があるかどうか、記号性があるかどうか、あるいは稀少性があるかどうかの判断にさいして、高価格かどうかがその不可欠の前提条件になった。この金銭的基準（高価格）が他の贅沢属性と混合して解けがたく結合してしまったのである。*23

その後二度の世界大戦を経て、米国が世界最大の覇権国家に成長すると、贅沢属性における金銭的基準の支配は世界標準にもなろうとしている。これに対抗しているのは、贅沢趣味文化の長い歴史を持つ英仏など西欧や日本の贅沢文化だけである。そこでは財力だけでなく、贅沢コードを識別できる贅沢趣味が加わる。両者の結合が贅沢品の不可欠の要素になっている。

3-5 新富裕人は新製品を買いあさる

▼なぜ新製品を求めるか

新富裕人は高額品だけでなく、新製品も買いあさる傾向がある。新製品をできるだけ早期に手に入れることができれば、普及度が低いから他者に誇示できる。逆に普及が進むと、このような効用がなくなる。この種の行動によって、普及度が進むとその製品の需要が減少する。この程度を経済学ではスノッブ効果と呼んでいる。スノッブ効果とは、他者が持っていない製品を持つ、つまり消費の革新者でいたいという指向である。この指向は新製品の買いあさり傾向に表れる。この傾向を新製品指向と呼ぼう。

伝統的贅沢品の不足　この指向は新富裕人の思考習慣としてどのように生まれてきたのだろ

うか。その第一のきっかけは、伝統的贅沢品の供給不足によるその稀少性である。伝統社会での贅沢品には共通した特徴がある。その贅沢品がオーラを発していることである。オーラとは、複製ではなくオリジナルの本物が醸し出す重みや雰囲気である。[*24] 幾多の戦乱などを生き残った作品は、現代では美術館・博物館の展示品である。それを見れば、その歴史的根源から存続し伝えられてきたという本物性ないし真正性を感じることができよう。

オーラの源泉は、贅沢品が高級な稀少素材から作られ、金銀など貴金属や宝玉などによって装飾されていることだけから生じているのではない。美術工芸家など、作家の高度な職人芸によってひとつの芸術作品の域に達した一品ものだからである。そのため伝統的贅沢品の供給は限られていた。

さらに、この種の贅沢品の多くは王侯・貴族の蓄財の対象であった。彼らが零落しなければ、それらは市場には出ない。たとえば、第二次大戦後に華族、地主など日本の上流階層の没落によって、大量の美術工芸品が米国など外国へ流出した。しかし、このような激動がないかぎり、新富裕人は上流階層の贅沢を模倣したくても、そのための伝統的贅沢品の入手は制約されていた。

贅沢品カテゴリーの拡大　産業革命以降から経済は成長を続ける。その過程で新富裕人の頭数が増え続ける。新富裕人の財力もまた上昇し続ける。これらを背景にして増大する贅沢欲求の実現は、稀少性による伝統的贅沢品の供給制約という壁にぶつかった。この矛盾はどのように解決されたのだろうか。

その主要な方法は、まず贅沢品カテゴリーの拡大である。経済成長の加速期には、その主要な消費担い手を主要標的に新製品を開発せよ。これはこの期に成功するマーケティングの定石である。次に、外国からの輸入や複製（大量）生産技術の導入によって新製品の供給数量を増やす。複製技術は贅沢品をオーラから解放した。オーラがなくても、消費者によって贅沢品と受けとめられる製品を作る。このパターンは、産業革命後も場所と時期を変えて現れる。いくつかの事例で見てみよう。

▼英国の産業革命期事例

産業革命と消費革命　歴史家マッケンドリックは、18世紀後半の産業革命期に同時に消費革命が生じたと主張[*25]して、多くの議論を巻き起こした。彼の主張によれば、この時代に所得と欲求の同時的増大によって消費性向が高まる。この原因となったのは、社会の各階層間での誇示消費をめぐる張り合いである。さらに陶磁器メーカーのウェッジウッドなどマーケターの広告や流行がこれをさらに助長した。ヨリ上位の階層の贅沢を模倣しようとする風潮がすべての社会階層で起こったこと、これらが消費革命の基本原因であるという。

産業革命が同時に消費革命であるという、主張には多くの反論が出た。[*26] 批判の焦点は、（1）18世紀に起こったことは消費革命か、（2）上流階層がその風潮を先導したのか、（3）社会階層間で張り合いがあったのか、（4）ウェッジウッドなどマーケターが重要な役割を演じたかなどである。

これらについて種々な議論があるにもかかわらず、産業革命期の消費の高まりが消費一般ではなく、贅沢品を中心にしていたことはたしかである。問題はどのような贅沢品が新しく登場し、その主要顧客は誰なのかである。それを決めるのは、その経済発展で新富裕人になるのが誰であり、彼らは何を欲求するのかに関連している。

新贅沢品の特徴　近年の歴史研究によれば、18世紀の英国の消費水準は一般的にはそれほど高くはない。しかし、ブルジョアと呼ばれた中間階層の所得は際だって上昇した。この階層の構成者は専門職業人、商人、工場主、貿易業者などである。彼らが求めた贅沢品は衣服、身の回り品、住宅、家具、娯楽などで、彼らを社会的に目立たせる製品であった。具体的には、表3－2のような贅沢品である。

経済史家のバーグは、これらの新しく登場した贅沢品の特徴として、次の二点を指摘している。[*27] 第一に、それらは上流階層の贅沢品のように、芸術工芸家によって作られた一品ものではない。模倣材料や先進製造技術により、かなり多く作られた複製製品である。しかし、工芸と

表3－2　英国の中流階層が求めた主要贅沢品

柳細工のカーペット、縞模様のキャラコ木綿カーテン、真鍮製の取っ手、漆塗りのマホガニー家具（カード・テーブル、椅子、肘掛け椅子、食卓、茶卓、寝台、化粧台、女性用作業台など）、特許品の燭台、ウェッジウッドの花瓶、ティーアーン、コーヒー・紅茶ポット、中国製茶器、中国製陶器、プレートウォーマー、トレイ、銀メッキあるいは銀製の食器、食器皿、切り子のグラス、デザート・茶用スプーン、懐中時計、バックル、インクスタンド

データ源：Berg・M. (2005), *Luxury & Pleasure in Eighteen-Century Britain*, Oxford Univercity Pressの記述より筆者作成。

産業による優れたデザインを持ち、見栄えが良くエレガントであった。中国など外国からの完成品輸入もあり、材料やデザインにも外国文化を模倣したものもあった。さらにこれらの製品にはファッション性があり、話題の製品が短期間で変化した。中間階層はこれらの製品を取りそろえて、ファッション・リーダーを目指した。

第二に、これらの品質特性により、この種の製品は中間階層より下の労働者階層の人たちには手の届く価格ではなかった。さらに、ファッション性がヨリ下層の階層からの模倣を阻止する障壁として作用した。他方で、上流階層の使うようなオーラを放っている贅沢品とくらべると、価格は中間階層にも手の届く納得価格であった。かならずしも必需品ではないから、中間階級は贅沢品であると感じていた。

これらの指摘に加えて、表3－2の新贅沢品にはもうひとつの特徴がある。それは当時の英国における中間階層の生活文化を、色濃く反映しているということである。新贅沢品ではサロン（応接用談話室）、食堂などの室内装飾に関わる家具調度や食器類が多くを占める。これらは迎客用の製品である。サロンは中間階層にとって上流階層との社交の主要舞台であった。つまり、茶会、昼食会、夜会などである。サロンを仕切ったのは新富裕人の妻たちである。そこでの装飾や食事のセッティングは、持ち主の富力やセンス、教養を顕示した。このために新贅沢品が必要だったのである。[*28]

▼日本の高度成長期事例

日本の高度成長期事例を見てみよう。その主要な消費担い手は、大都市圏へ大量に社会移動した世代であった。とくに大企業、成長企業への就職者の所得は年々急速に増加した。彼らの家族では、夫を支える妻の発言力が増加し、子供たちも自分の好みを主張し消費者として主体化していった。[*29]彼らを狙って消費財メーカーは、次々に新製品を開発し市場投入した。

表3－3が示すように、この期に登場した主要な新製品が、この種の顧客層を主要標的にしていることは一見して明らかである。これらの多くは生産や流通の新技術により生み出されたものであり、それまでとはまったく異なる新しい生活様式を取り入れて、生活の快適さを楽し

表3－3　日本の高度成長期に出現した主要な新製品

	1960年代	1970年代
衣	女性下着、既製服、ホンコンシャツ、イエイエ（コーディネートファッション）、ミニスカート、ジーンズ	メンズ・ファッション、海外ブランド（エルメス、グッチ、ディオール、ヴィトンなど）、ヤングファッション、カジュアルシューズ
食	即席ラーメン、だしの素、冷凍・レトルト食品	外食チェーン（ハンバーガーショップ、テイクアウト寿司、ファミレス）、缶コーヒー、カップヌードル、十勝ワイン
道具	自動車、カラーテレビ、クーラー、アンネ・ナプキン、ティッシュペーパー、サランラップ、タッパーウェア、台所用洗剤、エレキギター、8ミリカメラ	クオーツ時計、電卓、ラジカセ、ウォークマン、東急ハンズ雑貨
住	2DK、団地、ミゼットハウス	プレハブ住宅ファッション化、庭付き一戸建て

データ源：水牛クラブ編（1990）、「モノ誕生『いまの生活』1960－1990」より筆者作成。

むには不可欠な製品群であった。そのすべてが贅沢品ではないけれども、衣服におけるファッション製品や海外ブランド、家庭および個人用の電気機器、カメラ、自動車、さらには団地マンション、子供勉強部屋のミゼットハウス、一戸建て住宅などの贅沢品を含んでいた。

▼伝統的贅沢品のオーラからの解放

贅沢品の新カテゴリー　これらの事例が示すように、新富裕人の登場とともに市場に現れる贅沢品は、ふたつの側面で新製品であった。まず、それは贅沢品の新しいカテゴリーであった。その結果、贅沢品と呼ばれる製品カテゴリーの範囲が拡大した。これらは外国製品あるいは技術革新の成果であった。英国事例でのアジアからの輸入品などは前者の例であり、日本事例での家電製品や自動車は後者の例である。18世紀の大量生産とともに出現したこの新しい贅沢品カテゴリーの商品表示は、専門品や特選品（スペシアルテあるいはスペシャルティ）であった。これらの用語は当初は大量生産された贅沢品の意味で使われたのである。[*30]

製品属性の革新　次に、これらの新製品は贅沢属性に革新をもたらした。とくに、オーラを放つ贅沢品ではなく、機械生産の技術進歩による複製生産物であった点が重要である。複製技術の産物であるからオーラはなく、伝統的贅沢品が持っていた稀少性や審美性という属性はない。しかし、機能高度化という点で卓越品質を持ち、またファッションなどでは記号性などに際立った特徴を持って現れる。新富裕人の心を捉えた新製品は、たんにハード的に新しいというだけでなく、新しい機能ベネフィットにより別の生活美学を提案するものでもあった。新富裕人の生活環境の制約内で、生活快適性の向上を示したからである。

基本機能から二次機能へ　さらにこれらの属性変化を通して、贅沢コンセプトそれ自体にも変化をもたらした。とくに第一章図１－１に示した、選好度からみた必需の対極としての嗜好、また過剰度から見た質素の対極としての豪奢に関わる贅沢観である。贅沢は嗜好および豪奢という局面をヨリ多く含むようになる。

とくにこのような贅沢観の変化は大量生産品について起こった。具体的には、基本技術にもとづく機能だけでなく、製品差別化のために種々な二次的機能が付加されていった。マーケターの大義名分は、市場の異質的な需要への適合を高めることであった。市場標的を明確にして、その標的市場細分の嗜好にヨリ密接に対応しようとした。こうして製品差別化の焦点は基本機能から二次的・付加的な機能に移っていくことになる。二次機能の付加により、多くの製品がシンプルなモノからヨリ華美、豪奢なモノに変化した。これは現代にいたるまで繰り返し現れる差別化パターンである。

しかし生活美学上の新提案がなく、二次機能の新規性のみを強調しすぎると、競争の過程ですぐにコモディティ化するだけではない。さらに贅沢品が不必要な過剰機能から成り立つという批判的な贅沢観が登場する。たとえば、現代家庭の便器でも、トイレドアを開けると同時に便器のふたが自動的に上がるものがある。このような機能が生活美学に資するものであるのか、あるいは不要な豪奢に過ぎないのか。世代間では意見が対立するであろう。

3-6 新富裕人の登場ごとに、贅沢世界の流行(ファッション)化が進む

▼ファッション・ダイナミクスの誕生

新しいタイプの新富裕人が登場するごとに、贅沢世界は大きく変わる。贅沢行動の主体、場所、動機そして贅沢品と呼ばれるモノが変わる。しかし、これらの変化は相互に関連している。それらを貫く太い一本の糸がある。ファッション化である。ファッション化はいつも新しさを求める。これにより、贅沢消費行動の多くの側面がますます支配されるようになる。この傾向は贅沢文化の先端を走るパリで19世紀にまず現れた。「19世紀には新しさが基準である。流行品店を新聞もてはやすようになる。[*31]」この傾向発生の震源地は新富裕人の登場によって生まれるファッション・ダイナミクスである。

ファッション・ダイナミクスとは、ファッションが生み出す変化の全体像である。これには流行品と普及過程というふたつの側面がある。前者はファッションの対象となるモノやサービスであり、後者は流行品が社会的に普及していく過程である。流行という用語はこれらのいずれか、あるいは両方を指している。

流行品の特性　歴史的にいえば、流行品はまず衣服や装飾品などの分野に出現した。後になると多様な分野でも現れる。家具、インテリア、住宅建築デザイン、食品やサプリあるいは料理法、レジャーなどの分野である。流行品は特定の時点や期間で普及しているこれらの製品の特定のスタイルである。多様な分野にまたがるけれども、流行品と呼ばれるかぎり共通の特性を持っている。

第一に、流行品は絶えず新しさを追い求めている。しかしそのライフサイクルは短い。市場導入の当初では、そのスタイルは既存のモノとはまったく異なるスタイルという新規性を持っている。いままで見たことがないという点で、その採用者は他者の目にとまりやすく、その特異性により社会的な誇示機能を持っている。そのスタイルが社会の特定階層や集団の共通趣味に合致すればその模倣者が増える。

それに伴い普及度が増えると、流行品の新規性がなくなり、スタイルの特異性は目新しくなくなる。そのため、製品としての機能性がまだあるのに、使用されなくなる。流行遅れの衣服などはその典型だ。これを心理的陳腐化という。流行品はその魅力が高いほど、模倣者が急速に増え、また心理的陳腐化が急速に進む。そのさい次の流行品候補が登場していれば、それに取って代わられる。一般に、流行品の寿命はその普及速度に反比例して決まる。いずれにせよ流行品のライフサイクルは短く短命である。

第二に、流行品は贅沢品と一部重なっている。流行品であればかならず贅沢品になるわけではないし、逆に贅沢品であればかならず流行品になるわけでもない。しかし、流行品であるとともに贅沢品である場合もある。しかもこの重複領域はファッション化とともに拡大する傾向にある。

これは流行品と贅沢品が共通した属性を持つからである。とくに稀少性、記号性、高価格などがこの共通属性である。とくに早期採用すれば、流行品の新規性が稀少性という属性を作り出す。またこの時期には流行品は高価格になる傾向がある。これは流行品の初期市場が富裕人を標的にすることが多いからである。さらに流行品の訴求点が社会的地位や趣味の記号性に設定されることが多く、それが消費者を流行品に引きつける。この典型は衣服における流行品である。

普及過程　ファッションのもうひとつの側面は、普及過程つまり流行品が社会的に普及していく過程である。図3－2に示すように、これは流行品がその創造から始まり、やがて急速に多くの消費者に受容されていくさいのいくつかの段階から構成される。登場、模倣、飽和、死滅といった段階ごとに、流行品採用者の特性や採用動機などが質的に変わる。だから普及過程はきわめてダイナミックな過程になる。

これを反映して、流行品の累積普及率は短期間にS字型を描いて成長した後、急速に低下し

図3－2　流行品の普及過程

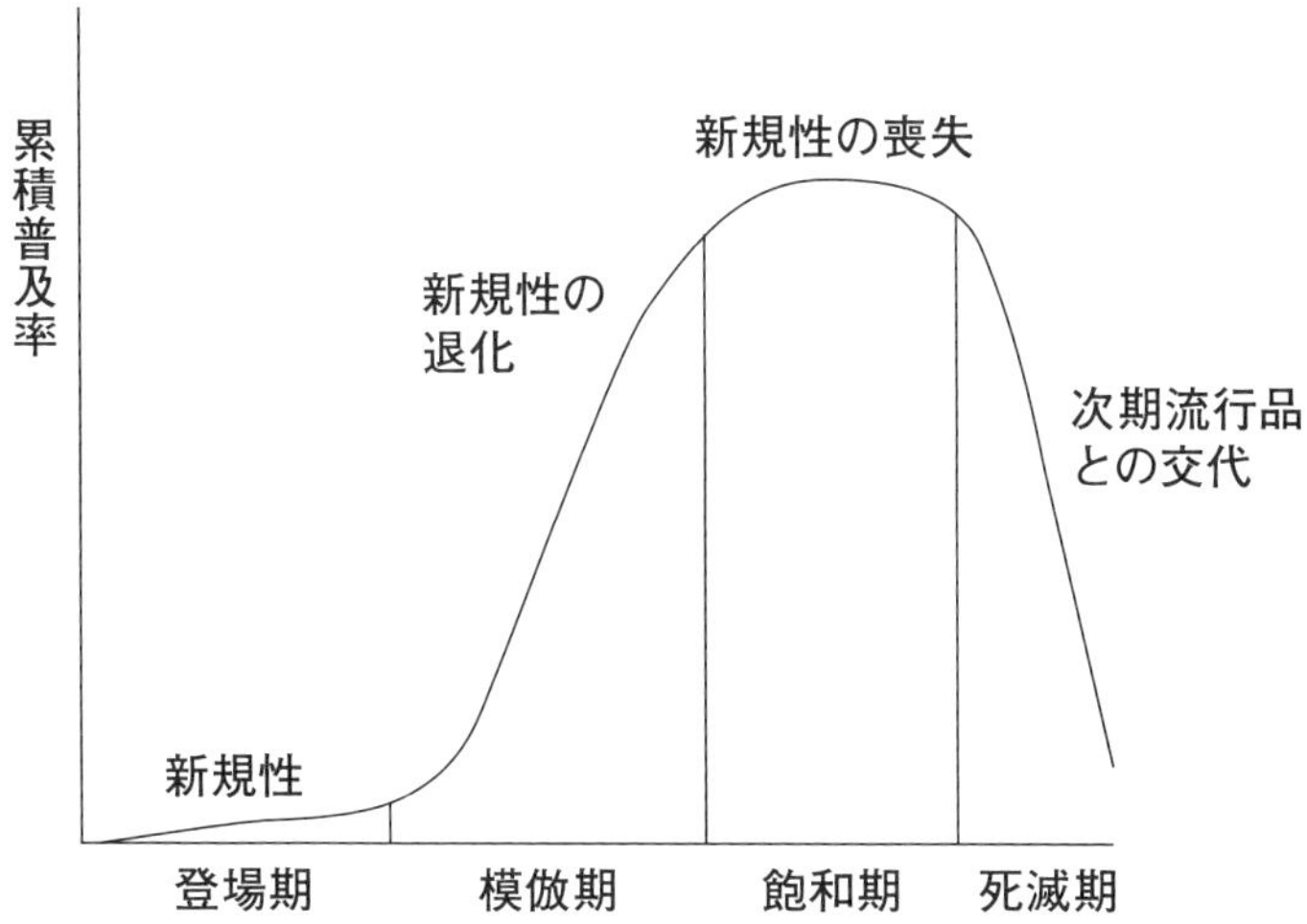

ていく。累積普及曲線の特徴は、普及率のある水準を過ぎると飽和に向かって急速に上昇し、その後急速に低下していく点にある。多くの製品について、この曲線の変曲点は、普及率が10％前後になると訪れる。

登場期には普及度が低いので、その流行品には新規性がある。この期の採用者は消費の革新者であり、趣味や社会的地位を個人的に誇示して他者との差異化を狙っている。しかし、その流行品が社会の、あるいはその特定部分の共通趣味に合致すれば、大量の模倣者が現れる。この共同行動により普及率が急速に進む。大量模倣者による流行品の採用動機は所属集団の共通趣味への同調である。[32] 他者との違いではなく、他者と同じであることが重要になる。模倣者の数が飽和水準に達すると、誰もがその流行品を持つようになるから、流行品の新規性や差異化機能がなくなり、心理的陳腐化が始まる。この期に代替的な次期流行品が現れると、現行流行品はそれに取って代わられ、急速に死滅していく。

▼新富裕人と流行

トリクルダウン型の普及　新富裕人が次々に登場してくると、ファッション・ダイナミクスが胎動する。変化はいくつかの経路を通じて生じる。まず、トリクルダウン（水漏れ）型の流行普及がある。[33] ヨリ上流の階層が存在すれば、新富裕者はその階層への参加を目指してまず上流階層の贅沢趣味を模倣しようとする。この模倣が上流階層の設定した許容線を越えると、上流階層はそのスタイルを捨てて新しいスタイルに向かう。新富裕者はその新スタイルをまた模倣しようとする。この流行の追いかけっこゲームを通じて、流行は社会階層を上流からヨリ下流に向かって普及した。

トリクルダウンは流行が個人の美的感覚、変化を求める気持ち、おしゃれ癖といった個人的な動機よりも、社会的な動機から生じることを示している。この社会的動機とは、上流階層がヨリ下の中流階層から差別化しようとする努力である。中流階層を構成するのは次々に登場する新富裕人の新参者である。社会階層が明確に分かれ、その上流階層が財力と贅沢趣味を兼ね備えた贅沢人であり、新富裕人が誕生して中間階層を形成する時に、流行のトリクルダウンが生まれる。

流行ゲームのルール変更　次に、贅沢品流行ゲームのルール変更がある。贅沢品の所有・使用をめぐる社会集団間の抗争は一種のゲームである。一方で新富裕人の頭数がますます増え、他方で伝統的な贅沢品の入手が限られる時、新富裕人は新しいタイプの新製品需要を作り出す。頭数の増加によって、集団としての社会的影響力が増すと、彼らの採用した新製品が流行して新贅沢品に進化する。これは何が贅沢かの内容を変える点で、贅沢品流行ゲームにおけるいわばルール変更である。

産業革命期にブルジョアが求めた新製品の多くが、やがて新しい贅沢品として定着した。日本の高度成長期に、都市の新富裕層が求めたマンション、車、ファッション衣服、海外ブランド、海外旅行などからも、新贅沢品として社会的に認知されるものが生まれた。

流行は時代の鏡　流行は時代の鏡であり、そこには人々が何を感じ始めているのか、つまり新しい時代精神を映し出している。流行品の創造者たちはこれを掴もうとする。そのため、流行が渦巻く現場に出入りする。流行の先端を走る人々が集まる会合・街角・劇場・音楽会・レストラン・ホテルなどである。そこでの情況から全体的な印象を得て、また美術工芸界に出入りしたり、話題本の読書をする。これらによってかき立てたひらめきが新流行創造の源泉である。流行は芸術におけるシュールレアリズムと似たところがある。*34

新富裕層は時代変化をかぎ分ける嗅覚が鋭い。だからその事業に成功して財力をつけたのである。同じように、上流階層に範を求めなくても、時代精神を表す流行の新しい方向を感知する潜在能力も持っている。彼らには新しい生活美学を創造する能力がある。そこから新しいライフスタイルが生まれる。彼らにはファッション・リーダーとしての素質がある。新贅沢人の登場は新しいファッション・ダイナミクスを胎動させることになる。

3-7 結婚や恋愛が贅沢趣味情報の伝送路になる

▼富裕人から贅沢人への移行速度の加速

経済成長につれて、贅沢消費は急速に拡大する。新富裕人数が増加するだけでなく、新富裕人から贅沢人への移行速度も加速しているからである。ふたつの要因が移行速度の加速化を促進している。ひとつは金銭文化の広がりである。米国は経済規模の大きさとその急成長によって世界をリードする覇権国家になった。このことが世界への金銭文化の普及に大いに貢献した。

これにより、贅沢属性の中で高額品という金銭基準が支配的になる。それにつれて、新富裕人から贅沢人への移行が容易になる。しかし、世界への米国の影響は、経済成長への離陸がかなり進んだ20世紀から生じたことである。

新富裕人の贅沢人への移行を促進したヨリ重要な要因がある。贅沢趣味の習得機会である。高額品というだけで贅沢品とは認知しない社会文化があっても、非価格贅沢属性のコードの読解能力を贅沢趣味の学習によって向上すれば、新富裕人の財力が贅沢趣味と結合する。これにより新富裕人が贅沢人に移行する。しかも経済成長への離陸につれて、贅沢趣味の習得速度が加速する。習得機会が社会的に増殖するからである。この習得速度が速いほど、新富裕人から贅沢人への移行も早くなる。それは経済成長への離陸が始まる社会ではどこでも生じる。この結果、近代になると新富裕人はますます短期間で贅沢人に移行するようになった。

経済成長への離陸が始まった初期の時代では、上流階層の中でも時流に目ざとい者は事業に出資した。西欧の貴族だけでなく、日本でも明治維新直後に華族など上流階層の中にも、新事業に出資する者がいた。これらの上流階層はすでに贅沢趣味を持っているから、事業参入は彼らの贅沢消費の財力基盤を強化しただけである。問題は上流階層でない新興富裕人が贅沢趣味をどのように獲得するかである。

▼贅沢趣味の習得機会

贅沢趣味の習得には、贅沢品の実物に多く触れ、その贅沢コードの知識を蓄積しなければならない。またそれが生活でどのように使われるかを見たり、その背後にある生活美学を感じ取らねばならない。贅沢品とその使用状況に実物的に接触したり、それらの情報収集が必要になる。上流階層出身者は日常生活の中でこれらを自然と身につける。しかし新富裕人にとっては、実物接触や情報収集の機会を自ら作らねばならない。経済成長への離陸が始まった頃には、これは困難であった。機会を作ることに成功した者は、新富裕層の中で大事業主や一流の専門職業人に限られていた。

上流階層との社交　彼らは贅沢趣味にアクセスする特別なルートを切り開いた。既存の贅沢人である王侯・貴族など上層階層との直接的な人的接触である。西欧では大商人は遠隔地の贅沢品の標的顧客としてこの階層に接触した。新技術の発明、産品開発、植民地事業に関わった企業家は、王侯・貴族をパートナーとして勧誘した。銀行家は王侯・貴族への財政融資を通じて接触した。わが国でも事情は同じである。とくに江戸時代になると、江戸、京都、大阪の大商人たちは、その商売を通じて大名たちと直接的な人的接触を持った。長崎の出島ルートなどから珍しい海外製品を調達したり、また財政に窮乏した大名に金貸しをした。

このような商売を通じての人的接触以外にも、贅沢趣味を習得する古来の経路がある。ひとつはかつての上流階層から文化人を招聘することである。新興勢力が台頭する時、その裏面にはつねにかつての上流階層の零落がある。鎌倉幕府により武家政権が成立すると、京都の貴族が零落した。幕府は経済援助の見返りに京都の文化人を鎌倉に招き、その贅沢趣味を吸収した。東海道は富と文化の互酬《ごしゅう》路《ろ》としても発展した。[*35]西洋でもギリシャがローマ帝国によって征服されて後、多くのギリシャ文化人が首都ローマに招聘されたり移住したりして、経済援助の見返りにギリシャ文化を伝えた。

上流階層との婚姻関係　もうひとつは贅沢趣味を持つ上流階層との姻戚関係である。戦国時代を勝ち抜いた大名や、江戸幕府で出世した武士の正妻・側室は京都の公家出身の娘が多い。たとえば元禄期に五代将軍徳川綱吉の寵愛を受けて、500石程度の藩士から大老格の側用人に出世して幕政を主導した柳沢吉保の側室、正親町町子《おおぎまちまちこ》は上流公家の出身である。彼女の「松陰日記」[*36]には、将軍などとの華やかな交流が記されている。京の貴族文化は彼女によって持ち込まれた。

西欧の例では、新興フランスの王室とメディチ家の婚姻による結びつきがある。メディチ家は、贅沢文化の先端を走っていたイタリア・フィレンツェを支配した名門である。その娘のカトリーヌはアンリ2世（1547－59）の、またマリーはアンリ4世（1553－1610）

の妻となった。彼女たちを伝道師として、フィレンツェで先行的に花開いていた贅沢趣味はフランスに伝わった。[37] やがて彼女たちの子孫、太陽王ルイ14世（1638－1715）が現れる。ベルサイユ宮殿を舞台にした宮廷文化を花開かせ、西欧の贅沢世界の規範となった。

とくに西欧の英仏では、新富裕人になった事業家たちも、贅沢趣味を習得するために同じような方法を踏襲した。未婚であれば貴族の娘を妻に迎え、既婚であればその息子や娘を貴族出身者と結婚させた。これにより贅沢趣味を習得して家格を上げようとした。実際に16世紀の後半から18世紀にかけて、閉鎖的なドイツの貴族制とは異なって、英仏では開放的であり、その貴族構造は大きく変貌した。軍功をたてた軍人や大事業家などに爵位を与え貴族に列するなどしたからである。この「貴族と成金の融合」により、18世紀になるとこの新貴族が貴族層の大半を占めるようになった。[38]

封建的身分制の縛りのきつかった日本では明治になるまで、大商人など事業家と上流階層との結婚の例はほとんどない。しかし、明治維新後には世間も驚くこの種の事例が生じる。そのもっとも有名な事例は歌人の柳原白蓮である。彼女は柳原伯爵家の美貌の娘であるが、労働者上がりにもかかわらず一代で九州の炭鉱王になった伊藤伝右衛門の妻となった。華族の娘が売りに出たと世間が騒いだ。この結婚の背後にも、富と贅沢趣味の交換がある。彼女を迎えるため贅を尽くした福岡県飯塚市の豪邸は現在では観光名所になっている。白蓮は後に若い愛人と出奔しマスコミを騒がせた。この白蓮事件は映画やドラマの題材にもなる。

新興事業家一族と上流階層の名門一族との婚姻は、現在でも繰り返されるパターンである。婚姻により親戚になった者同士の社会的交際が始まる。新富裕人はとくに上流階層の贅沢趣味を吸収しようとする。これを通じて礼儀作法、好み、趣味、考え方などの同化が始まる。新富裕人は贅沢人へと融合していくのである。

▼恋愛による習得

恋愛相手の集積　しかし、結婚だけが贅沢趣味の伝送路ではない。財力を持つ男と贅沢趣味を持つ女の組み合わせは恋愛によっても生じる。事業成功により新富裕層の入り口に立つ時期は、活力に満ちた中年以下が多い。若くして財力を持った男の多くがすることは、近代以降だいたい決まっていた。女遊びである。花々が咲き乱れる野原を飛び交う蝶のように、男たちは魅力的な女を求める。広い意味での恋愛行動である。
古今東西にわたり、新富裕人が参集する大都会には、このような女が集まっている場所が作られてきた。日本の例でいえば、江戸から昭和初期の遊郭、高度成長期の銀座、梅田新地、札幌すすきの、博多中州などでのナイトクラブなどである。そこには美女を求める事業家や一流会社幹部、医師などが集まっていた。ＩＴバブル期の六本木のクラブには、ベンチャー企業の成功者たちが集まった。

アジア新興発展国での首都のナイトクラブも、新富裕人と美女の出会いの場である。一流店に行けば、その国の経済の先端を走る新富裕人が集まっている。そこに足繁く通い、彼女たちと親しくなれば、その会話から経済の先端的動きも効率よく察知できよう。経済史家ゾンバルトによれば、西欧の近代でも大都市にたむろす高等娼婦たちとの自由恋愛が、新富裕層の男たちの事業や贅沢への活力を支えたという。[*39]

贅沢人としての歓楽街女性　歓楽街の女性たちは贅沢趣味に敏感である。その仕事柄から彼女たち自身が贅沢品で身を飾らなければならない。趣味の良い贅沢品は彼女たちをヨリ魅力的に見せるための商売道具である。だから、たとえば服装だけを見ると、気質《かたぎ》の女性との区別がつかなくなる。このようなパターンは昔から繰り返されている。

19世紀後半フランスの高級娼婦の服装がそうであったし、[*40]元禄時代、井原西鶴は「……今時の女は見よう見まねで色っぽい遊女の風俗をうつしている」[*41]と苦言した。エアフランスの元キャビンアテンダントが80年代に日本留学してきた。彼女に日本の印象を聞くと、「日本の大学では毎日パーティがあるのですか」とフランス人らしいエスプリを発した。バブル景気の最盛期、女子学生の中には高級クラブの女性と同じようなファッションで登校する者もいた。

それだけではない。歓楽街の女性は上流階層の男たちと日常的に接触している。男たちが身につけているモノや彼らの会話から、贅沢趣味を絶えず学習している。男たちの外面消費から上客を見抜くことは、彼女たちに不可欠な商売知識である。それは質草を長年にわたり取り扱うことにより、商品鑑定眼を身につける質屋の店員と同じである。彼女たちとの交際や恋愛によっても、贅沢趣味の情報は新富裕人に効率よく伝達されよう。

3-8 流通発展により新富裕人から贅沢人への移行が加速する

▼パサージュ（専門店集積）の登場

経済成長が進むと、新富裕人から贅沢人への移行はますます加速する。贅沢品との接触あるいは贅沢情報の収集の機会が増え、贅沢趣味の習得がより容易になるからである。この傾向はとくに19世紀以降に顕著になった。この期から近年にいたるまで、贅沢趣味の普及にまず貢献したのは、専門店や百貨店の発展である。

専門店という用語は、二種の意味で使われる。ひとつは薬、荒物、衣服など特定の製品カテゴリーだけを扱う業種店舗である。もうひとつは流行品、高級家具、ハイテク商品など、顧客が製品属性に強い選好を持ちその探索をいとわない製品、つまり専門品を扱う店舗である。以下でいう専門店はこの後者の専門品を扱う店舗である。

専門店発展の最初の歴史事例は、パサージュと呼ばれる専門店集積である。ナポレオンの没落後の復古王政の時代（1814－30）から仏国に現れた。19世紀のこの国の政権は、貴族層とブルジョアジーの権力闘争を背景に、猫の目のように変わっていったけれども、ブルジョアからなる中間階層はますますふくれあがった。その重要な特質は、国家運営にも関与する銀行家、大実業家など旧来のきわめて豊かな大ブルジョアとは区分される、中小ブルジョア層の急速な拡大である。

彼らは工業、貿易、不動産、自由業などの業務を営んだり、財産によって収入のある都市住民であった。彼らにより新富裕人の階層分化が進み裾野が広がり、新富裕人の頭数が増えていったのである。しかも彼らは上流階層の貴族的な贅沢趣味に憧れていた。だから製品普及でのトリクルダウンの流れも途絶えることなく、社会階層のますます下流へ流れていった。パサージュの急速な発展はこれらを背景にしている。

パサージュはいくつもの建物をぬってできている通路であり、壁には大理石が張られ、天井がガラス屋根で覆われている。そのため冬は暖かく、夏には冷気が通り抜ける。日本のアーケード商店街を連想するが、雰囲気はまったく違う。雑多な買い物空間ではなく、ハイセンスな贅沢観が漂っている。通路の幅員ははるかに狭く、通路の両側には流行品店の洒落たショーウィ

写真　現在も残るパサージュ

写真提供：共同通信社

ンドーが次々に並ぶ。散策しながら流行品や贅沢品の魅力的な展示を楽しめる。贅沢品や流行品の買い物好きには何でも手に入るように集積している。

パサージュには貴族の財力低下で商売が先細りし始めたそれまでの贅沢品や流行品の商人が流れ込んだのであろう。かつての宮廷料理人がこの期に街角にレストランを開業し始めたのと同じである。パサージュは[*42]「産業による贅沢の新しい発明」[*43]と評された。現在のパリでもいくつかのパサージュが残っている。訪問する機会があれば、通常の店では入手できない掘り出し物を発見できるかもしれない。

▼百貨店の誕生

パリの百貨店　次に、次第に大衆化し始めた新富裕人を相手に、贅沢趣味との接触機会を大きく広めたのは百貨店の発展である。世界最初の百貨店ともいわれるボン・マルシェの１８５２年の売上は45万フランだった。１８６３年になるとそれは７００万フランに成長していた。[*44] この間の年平均成長率は31・６％という驚くべき数値になる。日本の流通における急成長企業、たとえばダイエー、ユニクロ、ニトリなどの最盛期での平均成長率をはるかに上回っている。

百貨店は街路に面した華やかなショーウィンドーのディスプレイにより、流行や贅沢趣味を誰もが見られるかたちで実物展示した。19世紀のフランス作家エミール・ゾラ（１８４０－１９０２）には、この種の百貨店を舞台にした小説[*45]がある。田舎からパリに出てきた少女が百貨店をはじめてみて、そのショーウィンドーに感動し、魅惑され、立ちすくむ情景から物語が始まる。ありのままの事実を観察し、真実を描くという自然主義文学の提唱者らしく、ゾラは百貨店の誕生が当時の人々に与えた衝撃を詳細に記述している。衣服の流行品や贅沢品が、見る者の贅沢へのファンタジーをいやがうえでもかき立てるかたちで展示され、ガラス越しに見える店内では多様な商品がうず高く積まれていた。

百貨店は衣服を中心に出発したが、贅沢品だけでなく既製服など大衆向けの流行品も取りそろえた。周囲を買収し店舗面積を広げ高層化していった。そこに百貨店の名称が示すように多様な商品を取りそろえる。その品揃えは時代の流行品、贅沢品のパノラマというべきものであった。これらの商品を均一価格で販売し、大衆向けの商品については周囲の旧来店よりも安く設定されていた。

百貨店の普及は急速であった。ほぼ同時期に英国のロンドン、マンチェスターにも出現し、大西洋を渡って1858年にメーシーズがニューヨークに出現する。百貨店は新富裕人に次々に仲間入りしてくる大衆にとっても、いわば消費の神殿のごとく成長していったのである。それを見て、多くの人が消費ユートピアを夢想することができるようになった。

日本の百貨店　日本では1904年の三越が最初である。贅沢趣味の普及に関する三越の戦略はとくに画期的であった。明治維新後に文明開化を目指した日本の贅沢には、二種の世界があった。ひとつは呉服など伝統的贅沢の世界である。他のひとつは外国製品による贅沢の世界である。三越はこの両面での贅沢趣味普及でのリーダーであった。

伝統的贅沢については、上流階層を主標的にした呉服の裾模様《すそもよう》などの流行化に取り組んだ。新富裕人などが絹物を使うようになった時代に、彼らと差別化したいという上流階層の欲求に応えようとするものであった。また洋服、鞄、帽子、洋傘、旅行用品、洋家具などの品揃えを増やす一方で、流行研究会や児童用品研究会など社内シンクタンクを組織化し、ＰＲ誌を発刊して衣生活や住生活の提案、西洋風室内装飾のモデルルームの展示などを行った。新しい時代の贅沢趣味情報を広く提供したのである。*46

日本についていえば、少なくとも高度経済成長が終わる１９７０年代の初頭まで、百貨店は贅沢趣味文化のリーダーとして君臨した。百貨店は贅沢品の世界を消費者にパノラマ的に見せる。多くの人がそこを訪れることによって、贅沢世界に重要な変化が生じた。財力と贅沢趣味の関係が逆転し始めたからである。かつては財力が備わって後に贅沢趣味の習得が行われた。それが贅沢趣味の習得が先に行われて、その後にその贅沢品を購入する財力を付けようとする人たちが現れてきたからである。とくに若者世代に多い。百貨店は彼らに消費ユートピアを教え、それが財力向上を目指す動機になったのである。

しかし、高度成長が終わると、百貨店は贅沢趣味リーダーとしての地位を失う。贅沢趣味情報を提供する新聞、雑誌、テレビ、インターネット・ウェブなど、多様なメディアが発展しただけではない。流通発展についても、専門店アーケードをキーテナントのまわりに配したショッピングセンター、大都市繁華街での大型ブランド・ショップ、国際空港での免税ショップ、ほとんどあらゆる贅沢品に関するネット通販などが発展したからである。贅沢品について、その流通発展は今や成熟の域に達しようとしている。

贅沢趣味文化の習得という、新富裕人から贅沢人への移動障壁はきわめて低くなりつつある。残っている障壁は、贅沢品使用の時間、場所、機会についての文化障壁だけであろう。贅沢品を生活美学の向上にうまく使いこなせるのかという問題である。

第4章

贅沢の現代法則

大衆化が生み出す贅沢パターン

贅沢の現代法則は、大衆消費社会の誕生とその成熟の過程で生まれる。現代法則は古典法則や近代法則とも重層的に重なり、ともに現在での贅沢パターンを作り出している。大衆消費社会は経済発展がその成果として生み出す最終段階である。通説によれば、この種の社会は、米国では1920年代に、あるいは第二次世界大戦後すぐに現れたといわれる。西欧では1950年代であり、日本では高度経済成長期の1960年代に誕生した。

大衆消費社会とはどのような社会だろうか。大衆とは何か、消費社会とは何か。これらについて多様な意見がある。[*1] それらを組み合わせた大衆消費社会のコンセプトはさらに多様になろう。現代法則を識別するには、まずそのコンセプトを明確にする必要がある。

異説の展望は別の機会に譲るとして、ここでは本書でいう大衆消費社会の意味だけを明確にしておこう。一言で言えば、大衆消費社会とは社会階層の下流にいたるまで、ますます多くの人々が消費社会の一員となるような社会である。

消費社会は技術革新など生産力の飛躍的発展によって登場する。消費社会では人々の生活の重点が労働よりもむしろ消費に移行する。所得をえるには働くこと、つまり労働が必要である。

これに対して、消費では労働の成果（所得）を使って生活を楽しむ。だから消費社会とは労働よりも消費に重点が移り、ヨリ快適な生活を目指して生活美学を追究することが人々の願望になる。労働時間の短縮化はこの移行の一指標である。たとえば、日本の労働者の平均総実労働時間は1955年に2356時間であった。その後に短縮化が進み、2009年には1779時間になった。[*2]国際的に見ても、発展国の間では同じような短縮化傾向が見られる。[*3]

多くの人にとって、贅沢は生活美学を目指し生活向上を追究するもっとも基本的な方法である。だから消費社会は、贅沢が多くの人の願望になるような社会である。しかし、この贅沢願望は社会のどの範囲にまで広がるのか。現代法則の識別にもっとも重要なことは、大衆消費社会における大衆（マス）の意味である。これには階調がある。大衆を「誰でも」という意味に解すれば、その社会の消費者全体になる。その結果、大衆消費社会は社会の全員が誰でも消費生活を楽しむということになる。中流階層の所得上昇でこの種の社会が実現したなどという時、[*4]その広がりは全員ではなく中流階層までである。

大量生産によって大衆消費社会が可能になったなどという時には、大衆の広がりはさらに限定されるだろう。大量生産できるかどうか。その可能性は平均生産費用が最低水準近くになるまで生産数量を拡大できるかで決まる。この生産数量に対応する消費者の広がりは、中流階層以上などよりもはるかに少なくなる。大衆という用語が示す階調には、このように幅があるけれども、いずれも消費生活を楽しむ人の数が飛躍的に増えるという点では同じである。

本書でいう大衆は「誰でも」という意味ではない。むしろ上流階層など一握りの少衆からヨリ多くの人へ拡大するという意味での大衆化を指している。この大衆化は下流階層の一部にまで達することがある。だから大衆消費社会とは、消費社会がますます多くの階層へ拡がる社会である。

この大衆化は、所得上昇に伴う中流階層世帯の増加によるだけではない。世帯単位ではなく、個人として行動する消費者の増加によっても促進される。個人消費者は性差や年齢層を超えて拡大した。専業主婦など世帯代表としての代行消費ではなく、自分自身の個人消費を楽しむ女性の増加、未成年者までも含めた若者消費者の増加などがその例である。このような大衆はその贅沢願望をどのように実現しようとしているのか。どのように消費ユートピアにいたろうとするのか。贅沢の現代法則はその格闘から生まれてくる。

4-1 贅沢民主化がほとんどの社会階層に及ぶ

▼贅沢民主化とは何か

贅沢消費に関して、大衆消費社会では新しくどのようなパターンが発生するのだろうか。それらを総合的に言い表すとすれば、贅沢民主化といえよう。日本では、この用語はまだほとんど普及していない。しかし、"luxury democratization" あるいは "democratization of luxury" という用語を使ってグローバルにグーグル検索すれば、多くの記事にお目にかかれるだろう。それは新しいタイプの贅沢であるところから新贅沢とも呼ばれる。

民主化という言葉は、格差解消と平等化の意味を暗に含んでいる。大衆消費社会が到来するまで、贅沢消費を楽しんだ者は、社会地位、所得階層の高い人たちであった。贅沢はこれらの人特有の趣味嗜好に応えようとするものであった。社会階層にしても所得階層にしても、下層へ行くほど広がるピラミッド型の形状をとるかぎり、その上位階層の頭数が社会全体に占める比率は低い。いわば少衆である。市場全体からいえば、彼らはそのごく一部であり、いわゆる特殊な欲求を持つ細分（セグメント）である。

贅沢民主化が進むと、贅沢がこれらの特定細分（少衆）に限定されることなく、その範囲を超えて大衆化への途を歩む。大衆化がどこまで進むのか、その範囲については明確に識別しておく必要がある。少衆からの拡大の先駆けは、すでに経済成長への離陸期に現れた。上流階層のすぐ下に位置する中流階層（ブルジョアなど）の形成である。これによって、贅沢の近代法則の多くが生まれた。しかしこの拡大は農民、労働者などヨリ下層の階層まで及んでいないという点で、大衆化と呼べる拡大ではない。これに対して、贅沢民主化での贅沢消費の拡大の特徴は、大衆化という意味での拡大にある。贅沢民主化の担い手は、生活に困窮する最下層の人以外のほぼ全域に大衆化している。

▼贅沢民主化の担い手

贅沢の伝統的担い手　大衆化した贅沢消費の新しい担い手を、贅沢（luxury）と民主化（democratization）の英語頭文字をとり、ＬＤ型消費者と呼ぼう。ＬＤ型消費者は大衆消費社会以前の贅沢品消費者と、どのように異なるのだろうか。

大衆消費社会以前では、贅沢品消費者の多くは上流階層の贅沢人か、財力形成に成功した新興中流階層の富裕人に属していた。彼らの年齢は中高年以上が多い。その財力は富裕層などと呼ばれる水準に達していた。いわゆる高額所得者や金持ちである。古今東西にわたって、富の分配は不均等であり、ごく少数の富裕層に多くの富が集中する傾向がある。経済学ではこの不均等性の指標としてジニ係数を使う。

ジニ係数は、完全に均等な状態から、どの程度に現実の分配が隔たっているかを測っている。世帯を単位とすると、その間で格差がまったくなく完全に均等であれば、この係数は0になる。逆に一世帯にすべての富が集中する時には、この係数は1になる。たとえば、日本の納税世帯の所得についてみると、1936年には0・4294であったが、1982年には0・3135になった。[*5] 均等化が若干進んでいるが、不均等性が存在していることに変わりはない。

この不均等性によって、贅沢人や新興富裕人など富裕層の頭数はきわめて少数になる。彼らの財力を所得や資産で判断するかぎり、この少数性は現在でも変わっていない。たとえば、2013年度の日本で課税所得が2000万円を超える世帯は1%である。[*6] 1500万円以上では1・9%、1000万円以上に引き下げても10・4%である。また野村総合研究所は純金融資産によって富裕層を超富裕層、富裕層、準富裕層の三種に分ける。区分基準は5億円、1億円、5000万円である。5000万円以上のすべての富裕階層を足し込んでも、総世帯数の0・1%に過ぎない。[*7]

大衆消費社会以前からの贅沢人は、その財力にもとづき、衣、食、住、遊について伝統的に評価の確立した贅沢品を好み、それらを使用し続けるといわれる。それらにはきわめて高額品が多いけれども、大きい財力によって高価格をものともしない。たとえば、数十万円を超えるJR各社の豪華列車の旅客はこのような人たちである。その高価格水準は彼らの需要にほとんど影響を与えない。また、価格が高くなっても需要は減らない。価格感応度がきわめて低いのである。

新しい担い手　これらと対比すれば、LD型消費者の多くは贅沢人でも新富裕人でもない。

この新タイプの消費者はどのような特徴を持っているのだろうか。
彼らの年齢はヨリ若くなり、製品によっては10代の未成年者にまで拡がっている。彼らの多くは、中流以下の階層に所属し、それほど裕福ではない。自分で稼いだカネで買うことが多い。種々な製品カテゴリーについて、特定製品を使用し続けるということは少なく、ファッションに反応して、使用製品を頻繁に乗り換える。また廉売《れんばい》の機会を絶えず求める価格ハンターとして、割引価格に関しては敏感に反応する。彼らの贅沢品使用は、社会地位を示す記号としてではなく、同じ階層の他者に対して自分の趣味を伝える記号としてである。この種の消費者は発展国だけでなく、アジアの新興国にまで急速に拡がっている。[*8]
ＬＤ型消費者の重要な特質は、その頭数が圧倒的に多く、大衆化しているという点にある。これは、まず経済成長による平均所得上昇に伴う中流階層の裾野の拡大によって生み出された。この階層に含まれると意識する人の範囲が飛躍的に拡大した。この代表的な事例は高度経済成長を達成した70年代の日本である。
内閣府の調査[*9]では、生活程度を「上」、「中の上」、「中の中」、「中の下」、「下」の5階層に分ける。中間の3階層がいわゆる中流である。人口が約1億となり、ＧＮＰが世界第2位となった70年代に、この「中流」の意識を持つ人は約9割となり、一億総中流といわれた。その後もこの比率はそれほど変わらず、２０１３年には92％である。

もうひとつの要因は、個人として行動する消費者数の増加である。それは性差や年齢層を越えて飛躍的に拡大した。それを生み出した要因は、個人消費者としての消費主体化である。消費主体化とは、消費者として自律して行動するということにほかならない。

従来、消費は世帯を単位にして行われていたから、消費者といえば家族消費者であった。家族各人の購買はほとんど主婦によって代行されていた。大衆消費社会では家族成員の各人が主体化して、個人消費者としても行動するようになる。さらに日本の場合には80年代になると、大学生以下の若年層にいたるまで主体化した。[*10] 個人としての消費主体化は消費者現代史を貫く中心的な過程でもある。[*11]

▼消費主体化の条件

消費主体化の普及は贅沢民主化の制度基盤であるといえよう。主体化を可能にする条件は3つある。自由裁量所得、快楽主義的欲望、そして選択の自由である。

自由裁量所得　まず、各個人が自由裁量所得を持っていなければならない。自由裁量所得とは、各人の生活必需品を購入しても、まだ余っている所得部分である。経済成長により、多くの社会では所得水準が上昇して、中流階層以下でも世帯の生活必需支出を超える自由裁量所得を得られるようになった。

このため、世帯の主婦が就業しても、それによる所得を家計の補填に使うだけでなく、その女性個人のためにも使えるようになった。子供など被扶養者が就業しても、彼らの所得はかつてのように家族を支援するためではなく、ほぼ全額を自分の小遣いとして使えるようになった。さらに経済のサービス化に伴い、パート・アルバイトの就業機会が増え、女性や学生が自由裁量所得を得る機会が増えた。

個人的な趣味・嗜好　次に、個人が自分の個人的な生活欲望、いわば趣味・嗜好を持つことである。個人的な趣味・嗜好の追求を目指す快楽主義が芽生えなければならない。日本でもほぼ半世紀までは、家長的な生活文化が支配していた。この時代では、家長（世帯主男性）が妻や子供の個人的な趣味・嗜好までも管理した。妻も世帯主の所得のうち、家計必需支出部分を毎月手渡されていたにすぎない。いわゆるへそくりは、これに対する彼女たちの抵抗である。子供は成人して自立するまで衣、食、住、遊の全体にわたり、親の指示・監視を受けることが多かった。子供がその希望を実現できたとしても、それは親が設定した制約内にあったからである。

しかし、現代では民主化に伴い、家庭内における父親の権威は著しく低下した。妻も子供もそれぞれの趣味・嗜好を、声高く主張する時代になった。日本ではこの背景に、戦後における民主主義の浸透や女権の拡大がある。現代の日本で高齢者層に属する人たちは、これらの劇的な変化過程を人生体験として持っているはずである。

自由な選択　最後に、個人的な趣味・嗜好にもとづき、消費対象を自由に選択できなければならない。たとえ家庭からの束縛を免れたとしても、消費対象の自由選択を妨げる社会的・文化的拘束がある。所属する社会階層、性差、年齢層による自由選択への社会的束縛である。これらの多くは、身分制社会、宗教、伝統的倫理に端を発する、長い歴史を持っている。経済発展が成長段階に達しても、それと並存して雑草のように根深く残っていることがある。「女のくせに……」、「若者・学生の分際で……」などといった言葉が、この種の拘束の前によく使用された。

社会階層による拘束は、民主主義の進展で比較的早く消えていった。しかし、性差や年齢による束縛は、個人の価値観、文化意識にまで規範として深く根をはり、発展国でも半世紀近く前まで残っていた。性差とは生物学的な差異ではなく、文化的・社会的に形成された男女差異である。規範としての形成された学生らしさ、男らしさ、女らしさなどの観点から、日本ではいわゆる世間がとくに衣・食・遊の消費行動を監視していた。とくに中・高校生の衣服、靴、鞄、持ち物、髪型などの学校規則はこの監視を制度化したものである。

性差についていえば、たとえば女性はパンツではなく、スカートをはくものという固定観念があった。この種の観念は日本人だけではない。米国人にもあった。それを示す事例は、

1977年に大阪大学で起こった、米国人教師によるジーンズ姿女子学生の受講拒否事件[12]である。拒否の理由は、ジーンズが「作業着であり、女性にはそぐわない。もっとエレガントであってほしい」ということであった。これに対して、学生は「女性蔑視」、「ジーンズは既に日常着である」と反発した。当時、ジーンズは若者にとってその若さや反抗の記号(シンボル)であった。

この事件は新聞で大きく報道された。それを知った時に大変驚いた記憶がある。偶然にも、この教師は筆者の中学生時代の新任英語教師だったからである。一緒にスキー旅行などに行き、日本語はほとんどしゃべれなかったが愉快な先生で、生徒たちに溶け込んでいた。マリリン・モンローの写真を見せたら、「興奮させる」といって生徒たちを笑わせた。ボストンから赴任してきていたから、同地に多い米国の伝統的家庭の出身であったのだろうか。男女同権や女権拡張についての世論の高まりを背景に、現代ではこの種の拘束は急速に消滅しつつある。それにつれて、多くの贅沢品について若者や女性を中心に新タイプの消費者が拡大している。

4-2 贅沢情報の氾濫で大衆の贅沢ドリームが膨張する

▼贅沢ドリームの膨張

大衆消費社会では、大衆の贅沢ドリームが果てしなく膨らむ。贅沢ドリームとは個人が描く贅沢願望の具体像である。その内容は衣食住遊にわたり、人によって多様である。衣贅沢のドリームでは、特定の贅沢ブランドの具体的商品名、それの使用状況、それへの友人など他者の反応などについての期待を含んだ空想、いわば夢想イメージから構成されている。私がシャネルの新作を身につけて同窓パーティに出かければ、出席者はどのように反応するだろうか、私のファッション・センスについての友人の評価は上がるだろうかといった夢想である。

遊のドリームは外国旅行などが中心になる。独身のキャリア女性であれば、友人と一緒にパリに行く。オペラ座通りでブティックを覗き、その後で足を伸ばしてレアール近くのユダヤ人街のショップに行く。そこで友人の誰も持っていない掘り出し物を買いたい。ナイトライフでは観光客の少ない三つ星レストランにチャレンジしようといった内容であろう。マイホームの建設は、子供が大きくなり始めた多くのカップルの住ドリームである。JR各社の豪華列車による旅行は、熟年世代の贅沢ドリームとして大きく育つかもしれない。

高い経済成長を達成している時にはとくに、大衆の贅沢ドリームが膨張する。それは消費者精神とでも呼ぶべき情念に根ざしている。消費者精神は企業家精神に対応するものである。企業家精神が事業の創造・成長を目指すように、消費者精神は生活美学を追究しヨリ快適な生活を実現しようとする。企業家精神と同じように、消費者精神は未来を見つめ、ロマンを持ち、生活活力を持って多方面にわたり挑戦しようとするだろう。高度経済成長期の日本社会の活力は、企業家精神だけでなく、この種の消費者精神によっても支えられていた。近年におけるアジア新興国の活力も同じような事情にある。日本に来る留学生の多くは、その勉学の背後に、この種の消費者精神を潜ませている。

▼贅沢趣味情報の氾濫

消費者精神による贅沢ドリームの膨張、それを促進しているのは大衆消費社会での贅沢趣味情報の氾濫である。大衆消費社会以前では、贅沢趣味は主として上流階層との対面的な伝達経路で伝えられた。19世紀になると発展国の大都市では、百貨店・専門店が伝達経路として加わったけれども、そのリーチ範囲は大都市住人に限られ、贅沢趣味の詳細知識については未だ制限されていた。しかし、大衆消費社会になると、贅沢趣味情報を絶え間なく豊富に大衆にも提供する制度装置ができあがる。贅沢趣味情報を伝える多様なメディアが発展しただけでなく、情報を求める消費者のモビリティも増加したからである。

メディアの発展についてみると、まず映画がある。20世紀初頭の米国では映画都市ハリウッドが建設され、1920年代以降になると世界的な影響を与え始める。スターたちが演じる贅沢なライフスタイルが大衆に生々しく伝えられ始めた。彼らの豪邸やプール、車、華やかなファッション衣服や宝飾品などの映像である。写真のような静止画が動画になることによって、映画は生きた贅沢世界を伝え始める。映像の世紀が始まったのである。モノクロからカラーに変わると、映像は贅沢の実世界をそのまま写し出すようになった。

テレビが普及すると、この映像世界は各家庭に直結することになる。種々な番組企画を通じて、衣食住遊の贅沢趣味情報も時々刻々に鮮明な画像によって伝えられる、スターたちのプライベートな実生活さえ取材対象になる。さらに、週刊誌、ファッション雑誌、専門化した生活雑誌が、贅沢趣味のヨリ詳細な解説情報を伝える。有名人やセレブの先端的な贅沢趣味は、すぐにマスコミの注目するところとなる。

余暇時間の増加や車の普及で、消費者のモビリティも高まった。百貨店や高級ホテルのインショップ、郊外のショッピングモール、大都市の中心街での路面店など、これらを訪問して贅沢品に実際に触れる機会も増えた。外国旅行をすれば、空港の免税店、訪問先の中心街など、このような機会がさらに増える。ヴェルサイユ宮殿の「鏡の間」を訪れれば、贅沢趣味の極致ともいうべき室内装飾にもお目にかかれるだろう。

インターネットの普及によって、消費者主導の情報探索も容易になった。衣食住遊に関してどのような贅沢趣味があるのか。各製品カテゴリーについて、どのような贅沢品があるのか。店舗間でその価格はどのように分布しているのか。その製品はどのような特質を持っているのか。これらの情報は、いつでもどこからでも、容易に探索できるようになった。さらにネット・サーフィンすれば、個々の消費者の贅沢体験情報に出会うこともある。消費者主導の情報探索だけでなく、体験情報の消費者間交流を可能にすることによって、インターネットは贅沢趣味の情報空間を飛躍的に拡大した。贅沢趣味情報への格差は時間的にも、地理空間的も大きく解消された。

▼財力に先行する贅沢ドリーム形成

贅沢趣味情報の多くは、かつては上流階層の家庭内や彼らとの社交を通じて流通した。大衆消費社会では、贅沢趣味情報が社会全体に普及するようになる。これによって、贅沢を生み出す財力と趣味との関係に重大な変化が生まれる。かつては財力形成が先行して、その後に贅沢趣味の習得が行われた。今やこの因果関係が逆転する。贅沢趣味の習得・形成が財力形成や購買に先行するのである。[*13] 大衆、とくにその若者層では財力があるか否かにかかわらず、贅沢趣味がまず形成される。これにより、贅沢ドリームは財力という糸を失って、ガス風船のように舞い上がり浮遊することになる。

所得が消費を決定する。これは経済学が教える基本法則である。しかし、贅沢ドリームが膨張し始めると、この法則での因果関係すら逆転する場合が生じる。たとえば、高性能のタブレットが欲しいのでアルバイトに励む大学生を考えてみよう。また高級ファッションで身を包みたいために、昼はＯＬ勤めをしながら、夜は歓楽街の高級クラブで働く若い女性を思い浮かべてみよう。

彼らにはその贅沢願望を実現する当座の財力がない。しかしその願望がその実現に必要な財力形成への道を歩ませている。そこでは所得が消費を決めるのではなく、消費（願望）が所得水準を決めようとしている。彼らは贅沢願望により所得水準を選び取っているのである。大衆消費社会での贅沢ドリームの膨張は、贅沢への新しいショートカットを切り開きつつある。贅沢欲望にもとづいて所得水準を選び取り、財力を得ればすぐに贅沢人になる。

4-3　ブランド化が贅沢趣味を定型化・標準化する

▼ブランドによる贅沢判断

ブランド化（branding）によっても、贅沢ドリームの膨張が大いに促進されている。ブランド化とは、製品をブランドにする諸活動である。贅沢品をブランド化することにより、贅沢趣味の伝達がきわめて簡素化されるからである。「私にとって贅沢とは何よりもまずブランドである」。この意見への賛同比率を国際調査[*14]した結果がこの点を明確に示している。国別に見た賛同比率％は、中国（92）、韓国（85）、香港（82）、ロシア（75）、フランス（71）、スペイン（70）、イタリー（57）、ドイツ（57）、英国（55）、米国（53）、そして日本（43）となった。

経済の発展段階や文化を反映して国間で差異がある。日本の比率が低い理由は、長い文化伝統の継承により、贅沢コード知識の蓄積がきわめて豊富であるせいだろうか。たとえば、NHKが放映し出版している「美の壺」シリーズは、この種の情報の宝庫である。

しかし日本を除く国では、賛同比率は50％を超える。ほとんどの人が贅沢品を製品属性そのものよりもブランド名だけで判断している。かつては贅沢品はその使用者の社会階層や贅沢コードで判断された。上流階層が使う製品が贅沢品と判断された。しかし大衆消費社会を実現した現代の諸国では、贅沢品かどうかは贅沢コードを詳細に吟味する代わりに、ただブランド名によって判断されているのである。

何がこの変化を生み出したのだろうか。第一に、生産技術の変化がある。かつては贅沢品をつくりだしたのは匠の技であった。しかし、贅沢品も大量生産技術をベースにつくられるようになった。その結果、広告などによって贅沢品であることを主張する多様な製品が出回ることになる。それらの贅沢属性をいちいち判断するコード知識は、ほとんどの消費者の情報処理能力を超えるようになった。

第二に、贅沢にアクセスしようとする中流階層の裾野が発展国でも拡大した。さらに、グローバルに見ても、この数十年間に新興国が次々に登場して、多くの新富裕人を生み出した。彼らも生活美学を追究し贅沢にアクセスし始めた。しかし、これらの国の新富裕人は贅沢趣味文化をそれまで持っていなかった。増大する財力を背景に、贅沢したくても、どのような製品を選べば良いかの情報知識を持っていなかったのである。

しかし、贅沢とはこのブランドを使うことだということになれば、製品選択はきわめて簡単になる。ブランド化は製品属性をひとつの名前やロゴマークに象徴的に縮約する。ブランド化が普及すれば、これらだけで製品選択できるようになる。贅沢ドリームがいかに拡大しようとも、ドリームの実現に必要なブランド名さえ知ってさえいれば、必要な製品選択ができるようになる。ブランドがない場合には、贅沢なネクタイを選ぶには、素材の材質、織り方、染色、生地が斜めに裁断されているかどうかをチェックしなければならない。しかし、たとえばエルメスという名前さえ知っていれば、後は自分の好きな色柄を選ぶだけで、ネクタイの贅沢は一応できるようになる。

ブランド化の構造　ブランド化とは何だろうか。ブランドの歴史[*15]からみると、ブランド化というコンセプトは大衆消費社会の成立以降、とくに米国に端を発し世界に広がったマーケティング実践の長い時間をかけた累積の所産である。それは少なくとも3つの側面での進化からなる。図4－1に示すように、有標化、イメージ創造、そして顧客との関係性構築である。これらからブランド化へ向かう、方向線の脇のフィッシュボーンは、各進化を促進する主要な要因である。3つの進化が合流して初めてブランド化が完成する。贅沢ブランドなどと呼ばれるブランドは、この完成の極致にある。

▼有標化

ブランド化の出発点は、その製品にブランド名やロゴマークを付けることである。これらを商標登録すれば、製品は有標品になる。有標品の作り手はその商標を独占的に使用でき、その模倣を商標権によって防止できる。商標は出所表示機能を持つ。買い手がそれによって売り手を識別できるからである。また売り手がその商標のもとに一定の品質水準を維持できれば、商標は品質保証機能を持つ。同じ名前、マークが付いていれば、同じ品質水準を買い手は期待できることになる。

歴史的に言えば、有標化の普及は20世紀への変わり目頃からである。全国市場制覇を目指す米国の日用品メーカーなどによって急速に使用され始め、その後に他のメーカーにも普及した。彼らは商標を全国誌やラジオによる全国広告のベースにし、それにより流通経路での在庫統制権や価格安定などを目指した。さらにセルフサービスの普及につれ、ばら売り食品などが包装

図4－1　ブランド化の構造

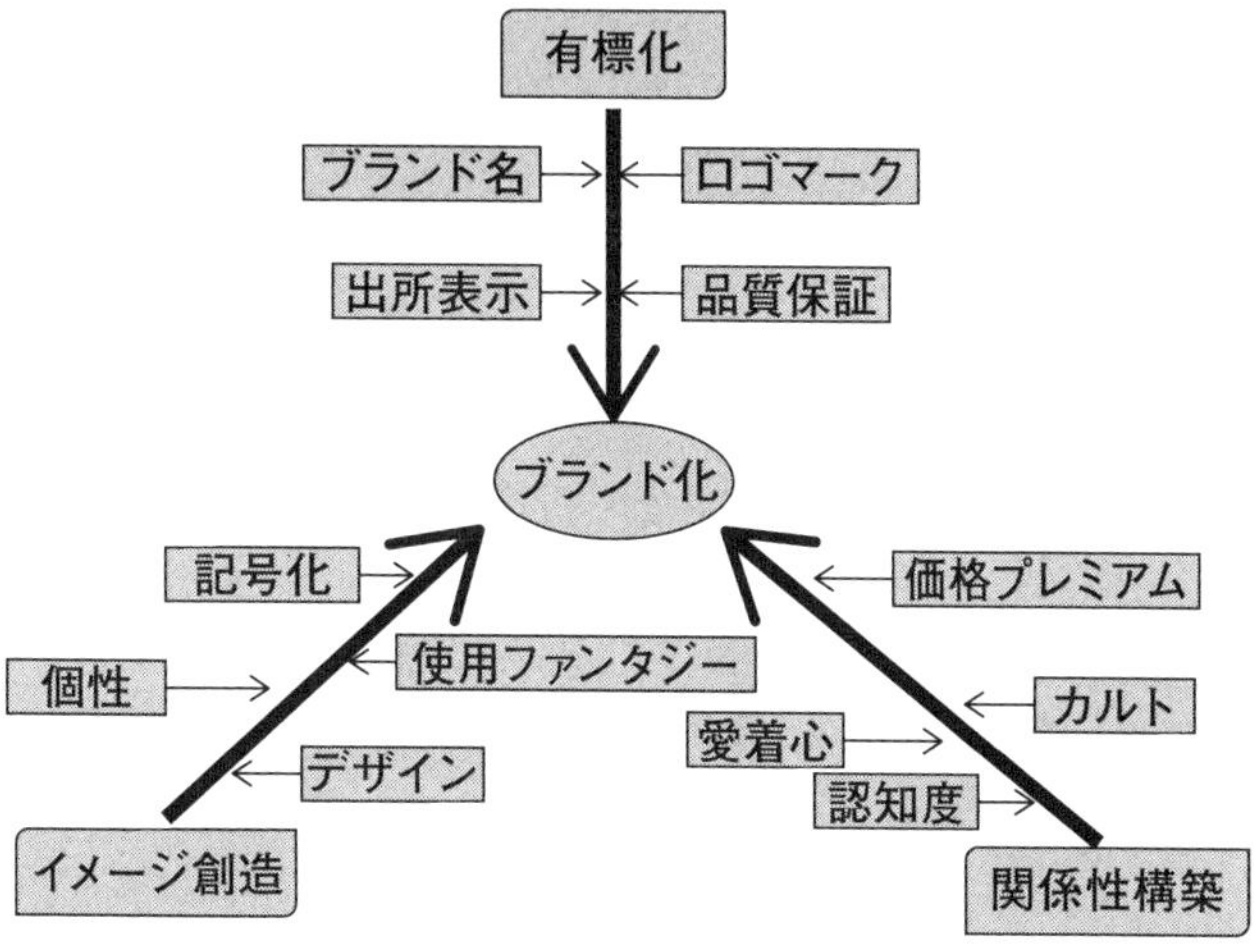

されるようになると、それに包装がほどこされ、ブランド名を持つ製品が拡大した。有標化、全国広告、流通価格安定でメーカーが期待したことは、消費者のブランド認知度を高め、愛着心を持ってもらうことだった。それらによって、無標商品に対する若干の価格プレミアムを期待した。

▼ブランド・イメージの創造

技術と工芸との結合　第二次大戦後の40年後半から50年にかけて、米国経済は耐久消費財をテコとする消費革命で大きく成長する。この時期にブランドについての考え方がさらに大きく進化する。その中心はブランド・イメージの創造である。同じような主張をする広告競争が過熱して、製品間差異が消費者に分からなくなっていた。この時代に、ブランド・イメージは製品差別化の決め手として注目されるようになる。このコンセプトを実務界に広めたガードナーとレヴィ[*16]によれば、ブランド・イメージとは、実物特性を超えて、その製品に消費者が持つ感情、アイデア、態度の集まりである。

ブランド・イメージの創造は、とくに贅沢ブランドにとって決定的に重要である。それは製品デザインにおける技術と美学の結合から始まった。製品機能の指図から出発して、その後で美学的な装飾が施されるようになる。その狙いはブランド個性（personality）を明確にすることにある。それは市場標的にした顧客の趣味・嗜好に適合して、彼らの関心や種々な情念を刺激することを狙っている。テレビ、グラビア雑誌、各種イベントなどメディア高度化につれて、映像化、テーマ音楽、タレント活用などを動員して消費者に使用状況のファンタジーがつくり出される。

記号化とアイデンティティ　その中でブランドを記号（シンボル）化し、それに消費者のアイデンティティを投影させることができれば、ブランド・イメージの創造が成功することになる。ブランドの記号化とは、ブランドをモダン、クリーン、セクシー、リッチ、エレガントなど、特定の意味を伝える伝達コードにすることである。一方、アイデンティティ（自己の位置付け）とは、「私は誰なの」という問いへの回答、つまり自我像である。

大衆消費社会では社会階層が流動化する。多様な新富裕人も現れる。アイデンティティの主要ベースは、従来のように所属社会階層ではなくなった。アイデンティティは主な友人・知人・職場集団や世代などがベースになる。とくに若い世代は独特の言葉遣い、行動により他世代と差別化しようとしている。集団や世代のアイデンティティを特徴づけるキーワードがブランド記号と一致する時、ブランドはアイデンティティの投影対象になる。そのブランドはいわばアイデンティティ用語を縮約する。それはキリスト教徒にとってのイコン（聖像）のように使われることになる。

贅沢品になればなるほど、このようなイメージ創造はマーケターにとってそれだけ重要になる。提供製品という点では、消費者の贅沢趣味を定型化・標準化できるからである。消費者の主観では多様に広がる贅沢趣味を、同じブランドで満足させられる。たとえば、80年代にカルバン・クラインは「あなたの個性を表現しよう」というメッセージを消費者に送った。

消費者個性とブランド・イメージ　このブランドを買った消費者はそれによって各自の個性を表現しようとした。それらの個性は多様に広がっていたはずだけれども、使っている製品はこのブランドを付けた少数の品目群であった。消費者側の多様な趣味に対応する製品は、モノとしては標準化・定型化していたといえよう。ブランド・イメージとは何か。それについての意見はきわめて多様である。しかしこの多様性の中でも共通していることがある。それは実物的なものではなく、消費者が理性あるいは情念で解釈した主観的な知覚であるという点だ。だから実物的には同じ製品でも、そのブランド・イメージは多様な主観に対応できることになる。

▼顧客関係性の高度化

認知、愛着心そしてカルトへ　ブランド・イメージの創造に成功すれば、顧客関係性も大きく変わる。多くの消費者のアイデンティティに対応できるブランド、とくに贅沢ブランドはその熱狂ファンをつくる。そうなると、ブランド信仰は宗教に似てくる。プラダ、エルメス、シャネル、ヴィトンなどの顧客には、カルトとも呼べる熱狂ファンが多い。彼らは常連客としてブランドの反復購買をするだけでなく、友人・仲間にブランド推奨を行い布教する。彼らが押しかけるブランド旗艦店は聖堂である。高い価格プレミアムを支払うのはブランド信仰心を表す供物でもある。

価格プレミアム　価格プレミアムとは、そのブランドに対して、他の製品よりも余分に支払っても良いと顧客が考える価格部分である。価格プレミアムほど、ブランド力を示す指標はない。それは通常のコモディティに対して、何倍の価格であるかによって示すことができる。女性用のトートバッグやネクタイを例に取り上げてみよう。

コモディティと呼ばれる通常商品で良ければ、トートバッグの千円未満商品はいくつでもある。シャネルになると、もっとも安い商品でもロゴがついてあるだけでこの5〜6倍はする。高いものになると、10万円を超える。グッチやプラダなども同じである。ネクタイのコモディティは、2千円前後で買えるが、エルメスではその10倍はする。このように、贅沢ブランドに共通する特徴はこの価格プレミアムが高いことである。価格プレミアムを払うことは、そのブランド信仰に入信するための最初の儀式である。

4-4　限界贅沢人が贅沢民主化を支える

▼願望葛藤

贅沢情報の氾濫で大衆の贅沢ドリームが膨らむ。贅沢趣味を身につけていなくても、贅沢のブランド化によって贅沢ドリームの実現に必要な製品も選択しやすくなる。財力がつけば、すぐに贅沢人の末席に連なることはできよう。しかし、大衆として贅沢民主化を担うLD型消費者では、ドリーム実現を支える財力はどうなっているのだろうか。贅沢欲望の膨張に対応する財力はついているのだろうか。そうでないと、心理的葛藤が高まるだろう。さらにドリーム実現を目指して、借金地獄の深みにはまる危険さえある。

贅沢民主化のダイナミクスの底流には、限界贅沢人の心理的葛藤がある。一般に心理的葛藤は、目的を達成する手段が見つからず、どうして良いか分からない時に生じる。限界贅沢人の場合にその基本原因は、贅沢ドリームがますます膨らんでいくのに、財力不足のため適切な贅沢品が見つからないという点にある。贅沢ドリームが膨張すれば、贅沢目標が財力のゆるす範囲を超える。以下ではこの葛藤を願望葛藤と呼ぶことにしよう。贅沢民主化の多様なパターンの生成は、この願望葛藤の解決を目指す種々な動きからなる。

▼限界贅沢人：日本の事例

平均所得は代表値か　願望葛藤を引き起こす大衆の財力基盤を、日本を傍証事例としてみていこう。50年代の後半から70年代の初頭にかけて、日本は大衆消費社会を実現した。その程度は生活保護世帯比率によってみることもできよう。これは生活に困窮している世帯の比率である。比率は55年に3・8％であったが、経済成長の過程で大きく減少し、95年には1・4％にまで低下した。その後の長い不況の中で再上昇して2015年には3％になっている。[*17] しかし、依然として低水準にある。この推移には、生活困窮度を判断する福祉行政の変化や高齢化も影響しているが、基本的には所得変化が影響する。

経済成長による平均所得の上昇が大衆消費社会の実現に寄与したという議論が多い。しかし平均所得の上昇によって、大衆のほとんどが贅沢消費を楽しむに十分な自由裁量所得を得るようになったのだろうか。この観点から見ると、平均所得の上昇という論拠は十分ではない。平均あるいは中央値にしても、社会での所得分布の特徴を要約する代表値になっていないからである。図４－２に示す現代日本の所得分布がこの点を端的に示している。一般に、平均値が分布の特徴を要約する代表値になれるのは、左右対称で単峰の釣り鐘型分布になる場合である。しかし、現実の分布は左方に歪み、右裾の長い非対称的な分布である。この分布型は何を意味しているのだろうか。

歪んだ分布の意味するもの　伝統社会では、少数の王侯・貴族など上流階層が貧しい大衆を支配した。両者の財力は身分制により固定されていた。この時代の所得分布データはないけれども、峰がふたつありその間は幅が広く深い谷によって隔てられた双峰型の分布を描いたであろう。ブルジョアジーなど中流階層が台頭してくると、所得分布上の峰が３つになり、とくに上流と中流の階層間を隔てる谷間の幅が狭まったであろう。

さらに、政治的民主化により固定的身分制が崩壊すると、経済成長にさいして各人が得る機会が均等化する。所得についていえば、所得の成長（伸び率）が所得階層間で次第に均等化に向かう。これによって、各峰を隔てていた谷が埋まり、図４－２のように単峰でなだらかな右裾を持つ分布が生成してくることになる。単峰が左方に歪んでいるのは依然として残る所得不

図4－2　所得金額階級別の世帯数相対度数分布　2013年

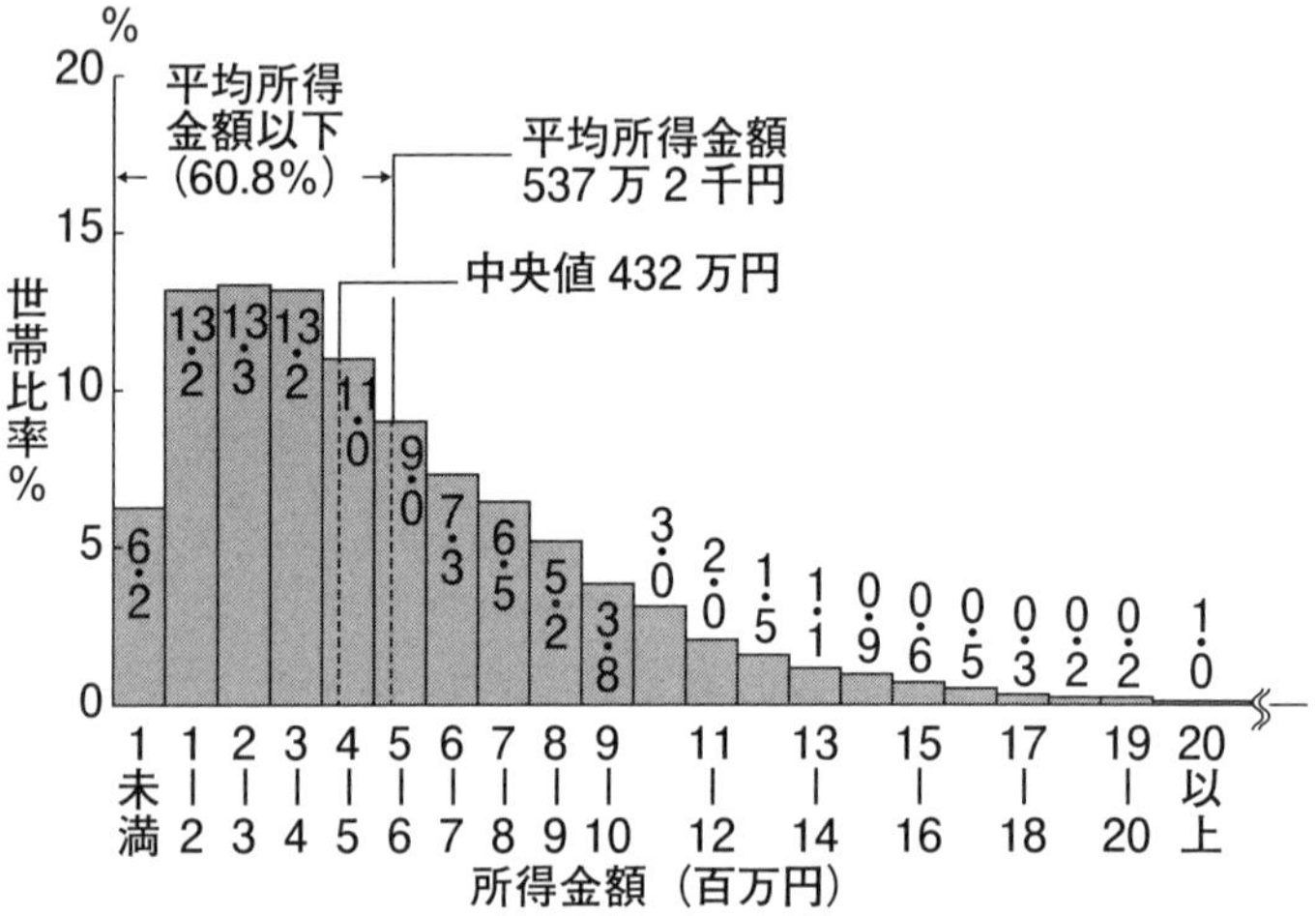

データ源：厚生労働省、「国民生活基礎調査」

均等性を示している。

▼自由裁量所得があるのか

最低生活費の現状　この左方に歪んだ所得分布では、贅沢民主化の担い手の多くの所得は平均よりも左方に位置している。問題は彼らの所得水準が贅沢消費を支える自由裁量所得を生み出しているかどうかである。自由裁量所得の大きさの一応の目安は、所得と最低生活費の差額であろう。現在の生活保護制度から見ると、最低生活費は健康で文化的な最低限度の生活費であり、所得がこれ以下であると生活維持に困窮すると考えられている。最低生活費の項目には、

表４－１　年間最低生活費（円）の計算例

世帯構成	東京都区部など（最高級地）	地方郡部など（最低級地）
若年者単身（19才）	959,640	775,440
母子家庭（30才，４才，２才）	3,164,400	2,308,800
標準３人世帯（33才，29才，４才）	2,939,640	2,073,360
標準４人世帯（40才，35才，７才，５才）	3,501,960	2,556,960
標準４人世帯（50才，45才、17才、15才）	3,738,240	2,743,440
高齢者単身（70才以上）	895,560	723,720
高齢者夫婦世帯（68才，65才）	1,430,400	1,155,960

データ源：厚生労働省社会・援護局保護課、「生活保護基準の体系等について」，第２回社会保障審議会生活保護基準部会、平成23年5月24日、資料３および平成25年基準

食、衣料、光熱など生活、住宅、教育、介護、医療、生業に関わる費目がある。生活保護制度では、最低生活費と所得の差額を支給している。

現在で最低生活費はどのような水準になるのだろうか。表４－１はその計算例である。居住地には６段階の基準地があるが、ここでは生活費が最大になる地と最小になる地の計算例を示している。この計算例のポイントは、最低生活費は年齢、世帯構成、居住地によって大きく変わり、それに対応して同じ所得水準でも自由裁量所得が変動する点だ。たとえば、同じく３００万円の所得がある世帯でも、生活費の高い東京都区部では、若年や高齢の単身世帯で自由裁量所得が生まれるが、中年の標準世帯ではそれがほとんどなく生活困窮に陥る。一方、生活費のもっと安い地方郡部では、いずれの世帯

構成でも自由裁量所得が発生している。
年齢、居住地、世帯構成によってこのように変動があるとはいえ、通常の勤労世帯には被保護世帯は少ない。21世紀以降についてみると、被保護世帯の9割以上は高齢者、母子家庭、障害者、傷病者の世帯である。勤労世帯では最低生活費以上の所得を獲得し、多かれ少なかれ自由裁量所得を得ている。しかし、年間1000万円以下の世帯の多くでは自由裁量所得はそれほど多くはないであろう。

世帯構成で変わる自由裁量所得　図4－2で中央値432万円は、世帯比率を半々に分割する所得水準である。これより低い所得階層では、比較的に若い世帯が多い。そこでの自由裁量所得はとくに世帯構成によりきわめて多様であるけれども、所得水準自体が低いのでそれほど多くはない。中央値から1000万円くらいまでは比較的に余裕が出てきてかなりの自由裁量所得が発生するように見える。

しかし、実情はかならずしもそうとは言えない。この階層の大部分は子供を持つ中年の標準世帯で占められる。この種の世帯では、マイホームの借金払いと子供の教育費負担が、贅沢消費に向かう自由裁量所得部分を圧迫している。マイホームの建設費や、受験準備に関わる塾・予備校費用、さらには大学進学の費用は最低生活費には参入できない。しかし、多くの世帯ではこれらの費用はいわば必需費用に等しい。

マイホーム建設でもっとも強い願いは、住空間の広さを確保することである。筆者がかつて行った調査によれば、日本人は世帯構成員の年齢を加算した以上の平米数が確保できれば、ほとんどの人は満足している。30歳と25歳の新婚カップルでは55平米でも十分である。しかし、三人世帯で構成員年齢が45、40、12であれば、その合計は97になる。これに準じるマイホームを確保しようとすれば、多くの場合、年間百万円前後のローン返済を長期間にわたり続けねばならない。

大学進学を目指した教育費負担も同じである。多くの家庭が小学高学年からその準備を始める。塾通い、私学進学校などがその内容だ。子供一人でも、その年間教育費は百万円を超えるかもしれない。さらに、大学生の70％以上は私立大学の学生である。その授業料やテキスト代だけでも、年間１００万円を超えるところがほとんどである。中年の標準世帯では住宅ローン返済と教育費で毎年数百万が消える。それはセルシオやレクサスなどの高級車を買ったり、豪華な海外旅行を楽しむに十分な金額である。この負担により、贅沢消費に使える自由裁量所得はそれだけ少なくなる。

▼大衆は限界贅沢人である

贅沢人と貧乏人の狭間　日本事例でいえば、世帯所得１０００万円以下から生活保護世帯水準以上までは、贅沢消費に関していわば限界贅沢人である。贅沢世界との関連でいえば、彼らは全面贅沢を楽しむ贅沢人ではない。彼らは贅沢世界の一部に関わるに過ぎない。そのため贅沢人とは言えないが、他方で贅沢人でないとも言えない。少しでも贅沢を楽しむ自由裁量所得を持つからである。限界贅沢人は贅沢人と非贅沢人を区分する境界の周辺に位置している。この境界は境界線というよりむしろ幅のある分離帯である。一方は贅沢世界に接し、他方では貧乏世界に接する。その間で自由裁量所得の多寡により、贅沢世界への関わり方には階調がある。

限界贅沢人は何よりもその頭数が多く、世帯の大半を占めるまさしく大衆である。そのため、贅沢分野や個別品目によっては巨大なマス市場をつくることになる。彼らの行動は贅沢世界に大きい影響を与え、贅沢の現代法則を作り出す力になる。贅沢民主化はこの限界贅沢人によって支えられている。

限界贅沢人が位置する贅沢と貧乏の分離帯は、伝統社会での階層のように固定的なものではない。それは開放的であり、また流動的でもある。不景気になり解雇されれば、限界贅沢人の中には貧乏人に転落する人もいる。とくに、アルバイト、パートで自由裁量所得を得ている人たちや契約社員などにはこの種の危険がある。他方で贅沢人への道も閉ざされてはいない。世帯主の高額所得という数少ない機会を得られなくても、限界贅沢人から贅沢人に向かう人もいるからだ。

贅沢人への脱出経路　その人たちに共通した特徴は、家族周期の正常経路から逸脱している点にある。成人して就職した後の正常経路では、従来、結婚、子育て、子供の独立といった段階を踏む。この経路からの逸脱例を挙げると、かなりの年齢に達するまで結婚しない、結婚しても子供を作らずＤＩＮＫＳ（Double Income No Kids：共稼ぎで子供なし）を目指す、あるいは一生涯にわたり単身を押し通すことなどだ。これらの世帯スタイル選択によって、世帯所得水準が増加するとともに、かなりの自由裁量所得が生まれるだろう。

晩婚化、少子化、単身世帯の増加などは、とくに経済成長期以降の時代の趨勢《すうせい》になった。[*18] 平均初婚年齢は、１９７１年で男27歳、女24歳あたりであった。２０１５年では男31歳、女29歳になる。夫婦のみの世帯は89年には16％であったが、２００８年には22・４％に増えた。30代、40代になっても単身を続ける男性も増える。85年ではそれぞれ９％と５％であったが、２００５年になると17％と13％にまで増える。

このような趨勢には、たしかに種々な要因が作用している。不況による所得の低下、非正規雇用の増加、女性の社会進出などである。しかし、所得水準が高くなくても、願望葛藤を世帯スタイルの選択によって解決しようとする動きも、強力な要因として存在することはたしかである。世帯スタイルの選択を通じて、贅沢への願望葛藤は人口の年齢構成など社会経済構造の方向にさえ影響を与えている。

4-5 限界贅沢人が生活革新製品で瞬間《つかのま》贅沢をする

限界贅沢人の自由裁量所得は多くはない。その中で贅沢消費に向かう部分はさらに小さくなろう。どのような分野にそれが支出されるか。それは贅沢民主化の重要なパターンのひとつである。

▼伝統的贅沢品よりも生活革新製品へ

限界贅沢人は伝統的贅沢品にはまず手を出さない。伝統的贅沢品とは上流階層が愛する贅沢品である。現在でその実物例を見たければ、帝国ホテル東京のアーケードやプラザを訪れると良いだろう。前者には日本の伝統的で代表的な芸術・文化・技術を駆使してつくられた贅沢品にお目にかかれる。主要製品分野はリビング趣味雑貨、食器、陶器、婦人服、ジュエリー、バッグなどである。後者には西欧贅沢品のセレクトショップが多い。ファッション・ブランド、ジュエリー、バッグ、セーター、シルクニット、オートクチュール、陶磁器、美術・骨董品やアンティーク・ジュエリーなどを扱う。

伝統的贅沢品はすべての贅沢属性を兼ね備える。しかしとくに審美性や稀少性に特徴がある。たとえば女性用の大判スカーフを例にとってみよう。エルメスやシャネルの製品は8万から

10万円する。帝国ホテルのアーケードに行けば、その倍以上はする贅沢品にお目にかかれるかもしれない。店主に高価格の理由を尋ねれば納得するだろう。糸に高級素材を使い、織布や染色は匠の技を駆使し、図柄は名の通ったいわゆる作家ものであるからだ。

限界贅沢人が限られた財力でもまず手を出すのは、機能面で卓越品質を持つ日常生活の向上に資する新製品群だ。これらは多くの場合、先端技術によるイノベーションの成果であり、生活の快適さを飛躍的に向上させる。テレビ、洗濯機、電気冷蔵庫、クーラー、電子レンジ、DVDプレイヤー・レコーダー、インターネット利用のパソコン、タブレットなど、これらが初めて登場した時のことを思い浮かべてみよう。これらの生活革新型製品（以下、LIP製品と略称）は多くの人の生活スタイルを革命的に変えた。しかし、限界贅沢人によるLIP製品の採用には、その採用時期に特有のパターンがある。LIP製品の普及過程がこれを生み出している。

▼生活革新製品の性格変化

贅沢品から必需品へ　LIP製品の特徴はその普及過程で贅沢品から必需品へと性格を変えていくことにある。イノベーションの普及理論[*19]によると、普及過程は図4－3に描くような普及曲線で表示される。

図4－3　市場普及に伴うLIP製品の性格変化

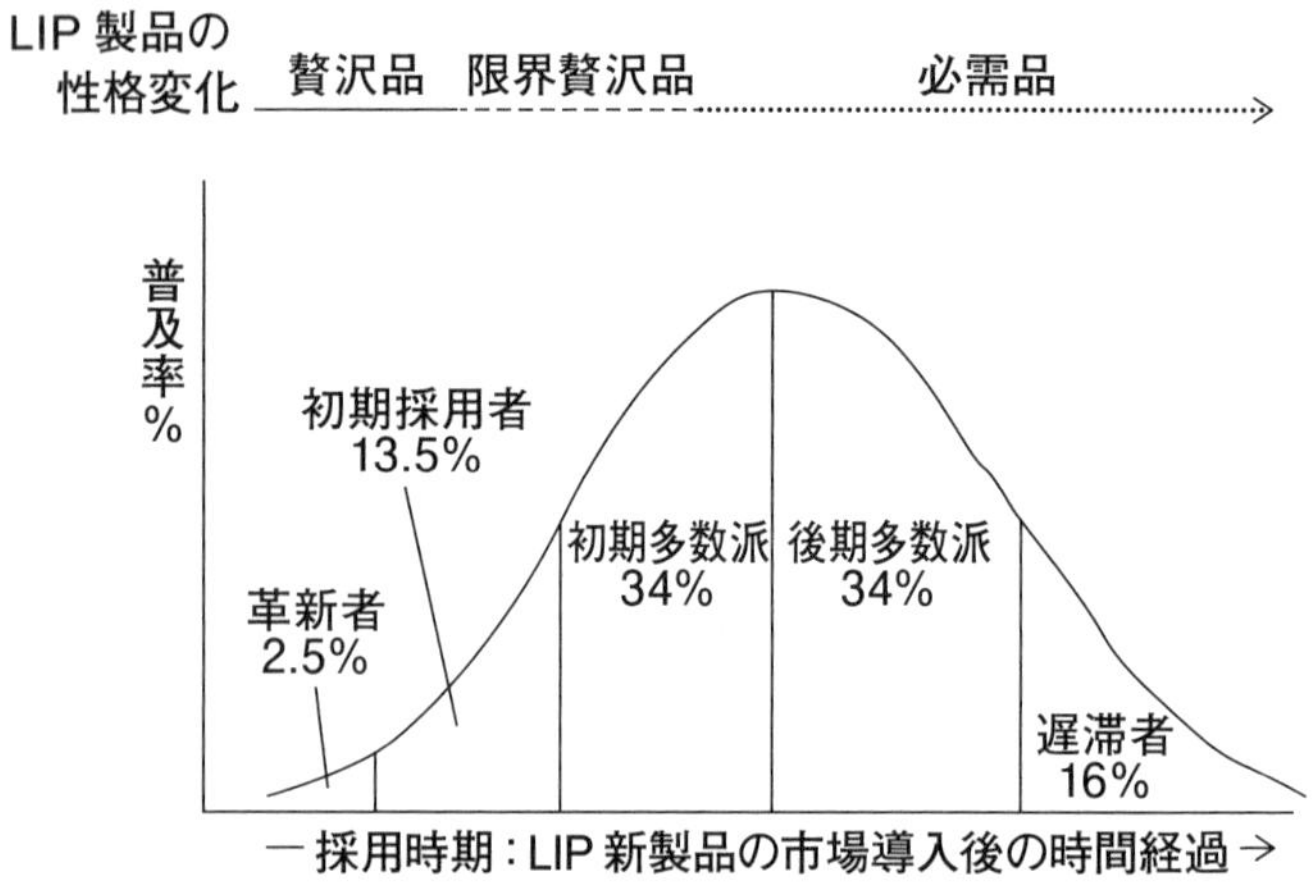

縦軸に普及率、横軸に問題になる製品の市場導入後の経過時間をとる。普及曲線は時間経過につれて普及率がどのように変化していくかを示したものである。普及曲線が図のように左右対称の釣り鐘型の分布（正規分布）を描くと想定すると、その普及率の累積分布はS字型描く。また、このような想定の下では、採用者のカテゴリーがその採用時期によって、革新者、初期採用者、初期多数派、後期多数派、遅滞者の5類型に分けられる。各カテゴリーの下の％は構成比率である。

ＬＩＰ製品は必需・贅沢ダイナミクスの代表的な製品である。普及の進展につれて、贅沢品から最終的には必需品になる。しかし、この転換時期は特定時点で変わるというのではなく、むしろファジイな変域を持っている。贅沢品とも必需品とも明確に区分できないグレイゾーンの時期である。この時期のＬＩＰ製品は限界贅沢品とでもいうべき性格を帯びる。ここでの「限界」は贅沢品の境界近傍に位置するという意味である。まさに贅沢品としての性格をいつ失うかもしれない状態である。

普及率と価格低下　限界贅沢品という状態は、二種の要因によって生じている。ひとつは普及率である。普及率は贅沢属性としての稀少性についての人々のイメージを左右する。普及率が２・５％から10％ぐらいまでなら、明らかに稀少感を抱くだろう。しかし、普及率がこの水準を超え50％に近づいていくにつれて稀少感は急速に薄れていく。普及率が50％を超えると贅沢品と見なす人はほとんどいなくなるだろう。

もうひとつの要因は、ＬＩＰ製品特有の急速な価格低下である。それは市場導入後数年たてば始まる。事例として白黒テレビを取り上げてみよう。テレビ放送がわが国で始まったのは１９５３年である。その翌年に松下電器（パナソニック）は14型と呼ばれる仕様の白黒テレビを17・5万円で発売した。[*20] 当時の小学校教員の初任給は７８００円（１９５４年）、総理大臣の給与は11万円（１９５２年）であった。[*21] テレビは明らかに高価格であり大衆の手の届かない贅沢品であった。

しかし、発売後３年たった56年には７・98万円と半値以下になった。61年になると同製品は

5・6万円にまで低下する。同じ頃、経済成長により小学校教員初任給は1・14万円に、総理大臣の給与は25・5万円にまで上昇する。割賦販売により将来所得を先取りすれば、大衆も買える価格になる。限界贅沢品ゾーンに入ったのである。

白黒テレビだけではない。その後に次々に登場したほとんどのLIP製品は同じような急速な価格低下の道をたどった。電気冷蔵庫、洗濯機、クーラー、カラーテレビ、近年ではパソコン、デジタルカメラ、DVDレコーダー、薄型テレビなどである。急速な価格低下要因としては、メーカーのマーケティング競争、大型量販店の登場など供給側の要因がある。しかし、それ以上に重要なのは、これらの要因に対応して限界贅沢人を中核とする大衆がこれらの製品の採用を始め、巨大なマス市場を創造したことにある。これによって、価格を引き下げても、大量の需要数量によって目標利益を確保できた。

▼限界贅沢人の採用者特性

初期多数派　限界贅沢人は採用者カテゴリーからいえば、革新者でも初期採用者でもない。大衆としての限界贅沢人がLIP製品を買い始めるのは、普及曲線からいえば初期多数派が登場する時期からである。ひとつの理由はこの時期から量産効果[*22]により価格低下が始まるからであり、他の理由は経済学でいうデモンストレーション効果が出始めるからである。価格低下が始まると、消費者を取り巻く周囲の人にもＬＩＰ製品の採用者が増えていく。

この他者行動がその消費者に影響することを、経済学ではデモンストレーション効果という。かつての高度成長期には、向こう三軒両隣を超えても、テレビアンテナが次々に立っていく。近年では、会議の出席者にタブレット使用者が増えていく。これらの光景が自分も同調しなければという無言の圧力になる。消費者は自分自身の個人的選好だけでなく、他者行動という外部環境の影響も受ける。大都市での人間の密集、これがデモンストレーション効果を強力に作用させる制度環境になる。この効果が発生し始めると、累積普及曲線は変曲点という潮目の変化を迎えて、普及率が加速的に増加する。マス市場の成立である。

標準セットの採用　限界贅沢人によるＬＩＰ製品の採用は、個別製品だけでなく、標準セット[*23]についてしばしば行われることがある。標準セットは複数製品の組み合わせからなる。日本事例では、高度成長初期に「三種の神器」と呼ばれた標準セットがあった。白黒テレビ、洗濯機、そして冷蔵庫である。これらは女性の家事労働を大幅に軽減し自由時間を与えた。それらは女性解放を願う時代の声と共鳴していた。

高度成長が進むと、標準セットは３Ｃに変わった。カラーテレビ、クーラー、そして自動車である。カラーテレビは映像を実世界に近づけ、クーラーはマンションなど密室的な住空間の快適性を向上させ、自動車は消費者のモビリティを高めて居住場所や遊空間の飛躍的拡大に貢献する。消費社会の進展に伴う労働から消費への重点移行に対応していた。その後には、デジタルカメラ、DVDレコーダー、薄型テレビからなるデジタル三種の神器なるものも登場するが、三種の神器や3Cほどの時代の象徴性は持っていない。個々の機器をインターネットを通じて統合するIoTが普及すれば、新しい標準セットが生まれるかもしれない。しかし、その普及は大衆のどの生活局面を革命的に変えられるかに依存している。

伝統的贅沢品は稀少で高価格であるため、上流階層の専有物であり、彼らの他階層への優越的地位の記号であった。これに対して、LIP製品やその標準セットの入手可能性は制限されておらず、大衆の日常生活の向上に直ちに直結する。これらの製品はその時々の消費社会へのパスポートでもある。他階層への地位顕示ではなく、所属しようとする中流階層への人並みの参加証である。それとともに、次々に登場するLIP製品を採用していくことは、中流階層内でその地位を徐々に上げ、それへの帰属をヨリ強固にすることに貢献した。[*24]

しかしながら、LIP製品の採用によって生み出される贅沢生活の意識はそう長くは続かない。大衆が同じような時期に競って獲得しようとするから、それへの欲望は同質的になる。それによる贅沢生活を願うけれども、その購買時期が製品普及期から始まるので、すぐに広く普及し必需品化する。LIP製品へのアクセスによる限界贅沢人の贅沢生活は短命であり、その意味で瞬間《つかのま》贅沢である。

4-6 願望葛藤は限界ブランドを拡大する

消費ユートピアの実現のため、限界贅沢人は衣・食・住・遊の全域にわたる贅沢を追求できない。だから特定分野に集中する傾向がある。そのような分野として限界贅沢人が注目するのは、ＬＩＰ製品とともに贅沢ブランドである。これはアパレル、靴、皮革製品、宝石、時計、美容品など、個人用贅沢品からなる。しかし、多くの限界贅沢人は贅沢ブランドを特異なやり方で獲得しようとする。要約的にいえば、そのアクセス対象は

・1点豪華主義（他の贅沢品とのコーディネートから遊離した1点の贅沢ブランド）
・ディスカウント品
・中古品
・偽ブランド品

である。

▼1点豪華主義

限界贅沢人のアクセスの特異性は、まず1点豪華主義にある。戦後の経済復興時には傾斜生産という方式がとられた。限られた財力で経済復興を達成するため、資金投入を基幹産業だけ

に超集中した。同じように、1点豪華主義とは、財力の限られる消費者が贅沢するために、支出先を特定製品に集中することである。多くの贅沢品にアクセスするのではなく、どうしても欲しい1点に絞り込む。それを身につけて、他者へのアイ・キャチャーになることを期待している。製品選択のガイドはブランドが努める。

1980年代の日本では、男性の場合には、ダンヒル、エルメス、フェラガモ、アルマーニなどのネクタイ、ローレックスの時計、あるいはゴルフ用品などである。女性の場合には、ヴィトン・モノグラムのボストン、シャネルやエルメスの大判スカーフ、財布あるいは話題のペンダント・トップなどがある。この種の商品は話題になっており、一目でそれとわかるものでなければならない。ブランドのロゴ・マークが大きくシンボル・カラー、モノグラムなどが目立つ商品などはその例である。

1点豪華主義は、贅沢コーディネートとでも呼ぶべき、製品の取り合わせをまったく無視する。贅沢コーディネートとは、贅沢を演出するのに不可欠な複数商品の消費者における取り揃えである。たとえば、贅沢な和装のためには呉服だけでなく、襦袢、帯、帯締め、宝飾品、草履、バッグなども、同じような贅沢ラインに合わせなければならない。贅沢な洋装の場合も同じである。しかし、1点豪華主義では、ただひとつの贅沢品だけが使用される。それはまるで掃きだめに立つ鶴のようである。

パリの街を、Tシャツとブルー・ジーンズのカジュアル・スタイルに、ヴィトン・バッグを携えて初めて闊歩し始めたのは、1960年前後の米国の大学生たちであろう。「理由なき反抗」など、ジェームズ・ディーンの映画に感化されたのだろうか、それともブルー・ジーンズにヴィトンバッグのダーク・ブラウンを合わせれば、素敵なカラー・コーディネートになることを意識していたのだろうか。

いずれにせよ、これを見たフランス人は驚いただろう。ヴィトン・バッグは上流階層の旅装商品であり、それを携帯する人は贅沢な服装をし、高級ホテルに泊まるものと、それまで見なしていたからである。1点豪華主義はこの種の伝統的な贅沢文化をまったく無視することになる。その後、この種の1点豪華主義は国際的にも普及した。国際空港などで行き交う人々の中に、贅沢コーディネートの破壊事例を見ても違和感を感じなくなった。

▼ディスカウント品

1970年代頃から、米国ではファクトリー・アウトレット、オフプライスと呼ばれるブランド・ディスカウント店が急速に発展した。その頃出された価格ハンター向けのガイドブック[*25]では、サンフランシスコ・ベイエリアだけでも、650以上の店でどのようなブランドが廉価で手に入るかを紹介している。

物流過程での抜き取り検品で特定物流ロット（物流で使われるコンテナーや段ボール箱）で規格外商品が発見されると、その物流ロットのすべての商品が返品され、それらがディスカウント店の商品供給源になった。さらに、この種のディスカウント店は郊外に立地しているが、同じチェーンの都心店で商品回転率の低い商品もここに持ち込まれる。ディスカウント店の中には、"just arrived" と表示した番台を設けているところもある。

80年代以降には、日本でもこの種のディスカウント店が急速に発展した。日経流通新聞（MJ）の「日本の専門店調査」は、70年代の初頭から経年的に行われている。１９８８年になると、その専門店カテゴリーに、紳士服、婦人服などの商品カテゴリー別の専門店に並んで、新しく「総合ディスカウント」が登場する。この業態が急成長を始めたことへの調査上の対応措置である。第1位はダイクマでその売上は７３９億円であった。２０１５年になると、そのトップ企業はドン・キホーテに変わる。その売上高は４７１５億円になっていた。[*26] この間でのディスカウント市場の成長の一端を物語っている。

21世紀になると、インターネットを利用したネット通販が急成長して、従来の実店舗流通を脅かすようになった。アマゾンや楽天などのサイトには、多くのディスカウンターが出店している。いつでもどこからでもアクセスでき、欲しいブランドなどがあれば、その価格水準や商品画像などは容易に検索できる。英語ができれば、アマゾン・ドット・コムやイーベイなど、外国ネット通販にアクセスして購入することも可能だ。

ディスカウント店やネット通販で入手できる贅沢ブランドを、正規店ルートで売られる商品と比較すれば、重要な特質がふたつある。価格は大幅にディスカウントされているが、その型番は旧型であるという点だ。人気ブランドのハンティングワールドのボストンバッグを例にとってみよう。２０１７年6月時点では、正規店商品型番にはバチューサーパス・ダッフルがあり、価格は14万９０４０円である。これとほとんど外見が変わらない、ディスカウント・ルート商品の型番にはバチューオリジンがある。その価格帯は5万円前後である。型番に関係なくハンティングワールドが欲しいというだけであれば、正規店商品の約3分の1で購入できる。他の贅沢品ブランドについても似かよった事情にある。

▼中古品

ディスカウント商品よりもはるかに安く、ブランド品を入手できるルートもある。ブランド中古市場での購入である。あらゆる種類の中古ブランドを廉価で買える大型中古店が東京、大阪など大都市に登場した。この十数年の間に、とくに東京の銀座界隈にも、この種の店舗が相次いで出店した。地価の高い銀座に店を構えるということは、中古ブランドを求める消費者が数多くいるということの証拠である。

これに対抗して、百貨店でもグランバザールと称して特設売場を設けるところもある。しかしもっと積極的なのはアマゾン、楽天などの大手ネット通販業者である。品揃えが豊富であり、欲しいブランドの検索が容易であるから、多くの客を吸引している。中古ブランド品業者はリサイクル・ショップとも呼ばれる。この名称はこの種の業者の重要な特質を示している。中古品の販売だけでなく、その買い取りもする。これによって店舗は商品供給源を確保し、消費者は次の贅沢品を購入する資金を獲得することになる。これはブランドの新しい型番へ絶えず乗り換えたいと思っている新タイプの贅沢品使用者の欲求に応えている。乗り換えサイクルが短縮化すると、クリーニングすれば中古品もその見栄えは新品とそれほど変わらなくなる。

▼偽ブランド

ディスカウント商品や中古品すら購入する財力がなければどうするのか。そのさい、贅沢消費へのアクセスは偽ブランドに向かうことになる。このような消費者は発展途上国、あるいはマクロ的に見ると発展国に分類されても、貧富差の大きい中国、韓国などの若者にとくに多い。限界贅沢人のいわば底辺層である。１９８０年代には、これらの国には偽ブランド店の集積さえできていた。韓国のイテウォン、上海の泥棒マーケット、香港のスタンリー・マーケットなどである。

わが国で偽ブランドはコピー・ブランドとも呼ばれている。しかしこれはいわゆるジャパニーズ・イングリシュである。正しくはcounterfeit brandという。偽ブランドは贅沢ブランドの違法なレプリカであり、外見は本物そっくりであるけれども、その品質は性能、信頼性、耐久性といった点で劣る。たとえば時計ではしばらく使うと、金メッキがはげてくる、電池の取り替えができないなどである。

偽ブランドには欺瞞《ぎまん》品（その提供者が消費者を初めからだまそうと意図した製品）と、非欺瞞品（消費者も偽物であることを心得て購入している製品）がある。前者は家電、薬、自動車部品に多く、後者はブランド品に多い。偽ブランド品といえども、その品質は近年上昇している。その原因はブランド品生産基地の国際移転にある。この生産現場でデザイン、金型、指図書などの生産ノーハウが習得されている。

さらに余った生産材料が利用されたり、不正に持ち出されたりすることがある。ヴィトンやハンティングワールドの偽物でも、本物と同じ素材で作られることがある。実物を手にとって詳細に見れば偽物を見分けれる。たとえば、偽のヴィトンバッグではファスナーなどの左右でLV文字の柄合わせがされていない、ハンティングワールドでは象のロゴマークが鮮明でないなどである。しかし、遠目でみると分からないことが多い。

偽ブランドでも、それを使う消費者は多い。ネット通販の普及で、それはグローバルにもますます拡大している。ネット通販業者はブランドの真偽をチェックしないからである。国際商業会議所の調査によると、贅沢品市場は偽物で毎年120億ドルも失っているという。

偽物を使う消費者の動機は何だろうか。それは偽物とはいえ、贅沢ブランドが持つ象徴（記号）性を持っているからである。模倣されやすい贅沢ブランドの特徴がそれを物語っている。そのアイデンティティが大きく広告され、またロゴマーク、シンボルカラー、デザイン特性などを他者が見分けやすく、誇示性の高い贅沢ブランドに偽物が多く現れる。[*27]

▼限界ブランド

限界贅沢人がアクセスする贅沢ブランドでは、贅沢ブランド特有の贅沢属性が多様なかたちをとって希薄化していく。1点豪華主義の対象になる製品は、贅沢コーディネートという使用コンテキストを喪失している。ディスカウント店で購入する旧型番品あるいは中古品では、稀少性や高価格という贅沢属性を欠いている。卓越品質や審美性も色あせ始めている。偽ブランドはもはや贅沢ブランドではなく、その記号性を何とか保持しようとしているに過ぎない。

これらの製品の贅沢属性は希薄化し、贅沢品としてその限界に近づきつつある。このような意味で、これらの製品は贅沢のいわば限界ブランドである。だから上流階層の目線から見れば贅沢品と映じないだろう。しかし、大衆消費社会の贅沢品イメージは、その目線の立ち位置により多様に振れる。上目線贅沢もあれば、下目線贅沢もある。下流階層の目線から見れば、限界ブランドでも贅沢品に見えるかもしれない。コモディティと呼ばれる並みの商品と比較すれば、卓越品質、審美性、象徴性などの属性を幾分なりとも残しているからだ。

4-7 マスティージは贅沢品の範囲を拡げる

▼マスティージとは何か

限界贅沢人の贅沢アクセスは、ＬＩＰ製品や限界贅沢品だけではない。重要なもうひとつの対象としてマスティージ（Masstige）がある。マスティージはMass（大衆）とPrestige（高級）を組み合わせた合成語である。[*28] 和訳すれば、大衆型高級品ということになろうか。マスティージは、贅沢民主化が生み出す市場の脅威と機会への、マーケターの戦略的な適応行動によって生み出された。贅沢民主化に伴うディスカウント品、中古品さらには偽ブランドなどが、とくに贅沢ブランドの市場を侵食して脅威となっている。他方で、贅沢民主化で生み出された市場は、グローバルに拡大している大衆市場である。それはマーケターにとって無視できない市場機会でもある。

ユニセクシャル・ファッション事例　マスティージとは具体的にどのような贅沢品だろうか。それは新贅沢品とも呼ばれるが、どのような特徴を持っているのだろうか。ユニセクシャル・ファッション事例で示してみよう。従来、この市場では、伝統的な贅沢ブランドが君臨してきた。アルマーニ、グッチ、ヒューゴボスなどである。そこへH&M、ZARAなどの中間帯ブランドが参入し、若者の支持を得て急速にシェアを伸ばしている。日本では銀座に大型店を構えるまでになっている。このような市場にマスティージが投入された。その代表はポロ・ラルフローレンとカルバンクラインである。

▼マスティージの市場ポジショニング

この市場について仏国で行われた調査[*29]がある。マスティージの市場ポジショニングについての数少ない実証研究のひとつである。調査の主要な発見物は図4－4のように要約できよう。図の縦軸は高級感である。高級感にはステータスと誇示性という2要素があるが、それらは総合化されている。横軸は価格である。これらの座標上に、伝統的贅沢ブランド、中間帯ブランド、マスティージとして分類されるブランドがどのように位置するのか、その領域が楕円形で示されている。伝統的贅沢ブランドは高級感も価格もともに高い位置にある。その対極に中間帯ブランドが位置する。マスティージの位置は両者の中間領域である。

図4−4　マスティージのポジショニング

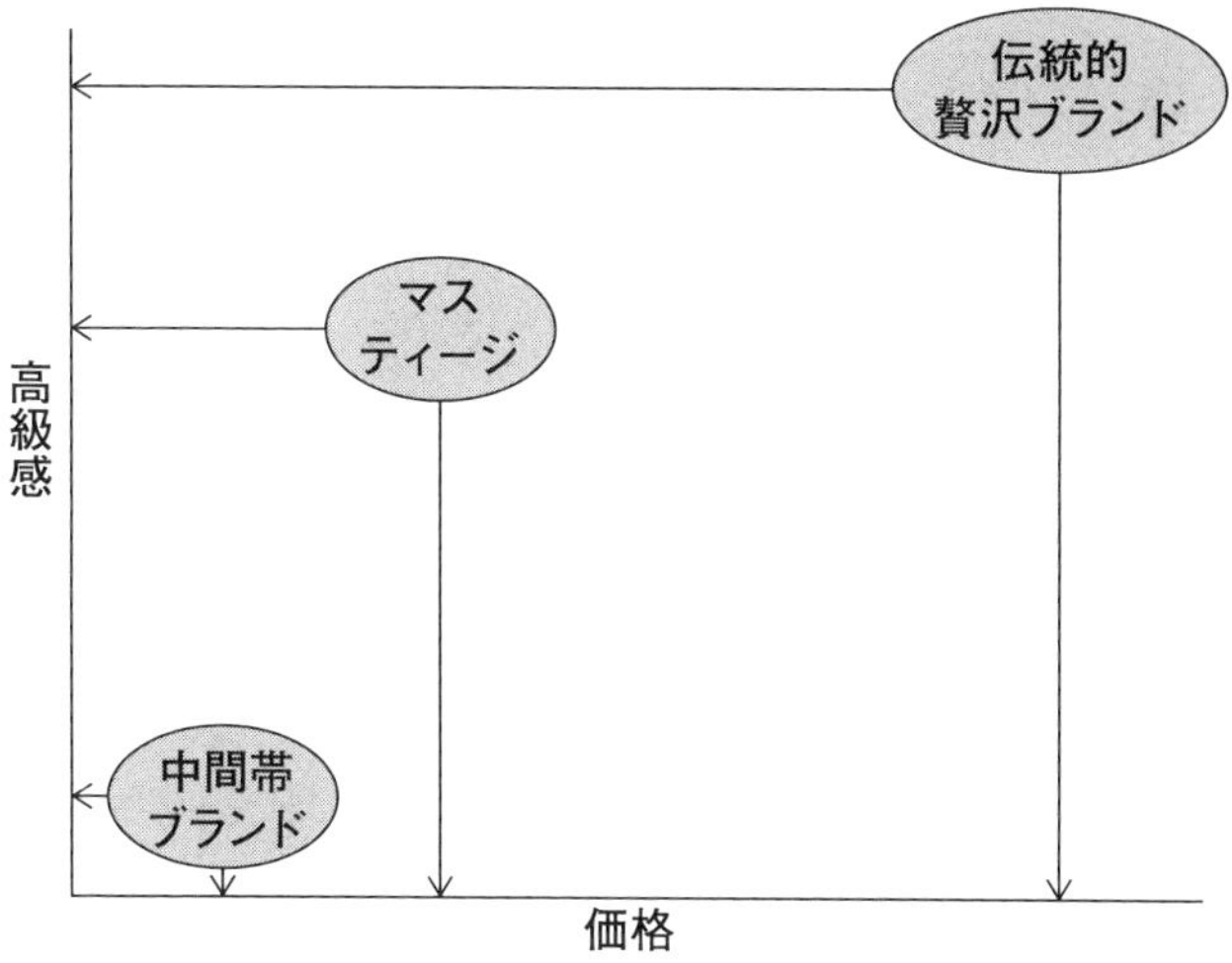

注）仏国調査の発見物より筆者作成

重要な点はマスティージの位置の特徴である。高級感の位置は中間帯ブランドからは離れ、伝統的贅沢ブランドにヨリ近い。一方、価格については中間帯ブランドより少し高めであるけれども、伝統的贅沢ブランドにくらべるとかなり安くなっている。マスティージは伝統的贅沢ブランドの高級感を維持しながらも、その低価格によりヨリ大きい市場を狙っているのである。いわば贅沢民主化で生まれる市場を標的にしているといえよう。

▼マスティージにかける想い

大衆市場を目指す　この発見物はマスティージの特徴についてそれまで主張されてきたことを裏付けている。マスティージは種々な製品分野で現れた。たとえば、ＢＭＷはもともとスーパーリッチ用の車であった。しかし、ＢＭＷ３２５セダンをマスティージとして発売した。吉兆は日本を代表する飲食店の贅沢ブランドである。それは財界人や富裕人の会食場所であった。その京都嵐山本店などで会食を楽しむと５万円程度はする。しかし、現在では大都市駅隣接の飲食街に出店して１万円前後で提供している。食器やメニュー内容は簡素化されているが、吉兆の風雅はかすかに漂っている。これらと同じ事例は、家具、家電、情報機器、そして靴、アパレルなどの贅沢ブランドの分野にも、数多く見られるようになった。

従来において伝統的贅沢ブランドは稀少性を持ち、また高価格であった。この意味で富裕人のみを標的にする排他性を持っていた。マスティージはこの属性を捨てて、大衆市場を狙う。しかし中間帯ブランドなどに対しては価格プレミアムを維持している。売上高は価格×数量であるから、大衆市場の巨大な頭数によって、マスティージは成功すると、その企業をＢＭＷのように市場リーダーに押し上げ、巨大な利益をもたらすことになる。

重要な価格プレミアム　しかし、マスティージはすべての贅沢ブランドにとっての成功の方程式ではない。その成功はブランドの強さを反映する価格プレミアムに依存している。もともと価格プレミアムが大きい贅沢ブランドほど、マスティージの導入が成功する確率は高い。従来の高級ラインにくらべて、70％引きのマスティージを導入しても、その低価格イメージは強烈で価格サプライズを引き起こす。それにもかかわらず中間帯ブランドに対して、ある程度の価格プレミアムを維持できるからである。

これに対して、元々の価格プレミアムがそれほど大きくないと、低価格サプライズは生じないし、また元々の高級ラインのブランド価値を傷つけ、ブランド希薄化を引き起こすことになる。ただし、価格プレミアムの大きい贅沢ブランドといえども、それが稀少性を主要な贅沢属性としている時には、マスティージ導入は鬼門となる。

▼いわゆるプチ贅沢とは何か

製品と消費者の特性　マスティージは贅沢ブランドだけではない。米国ではすでに食品、健康関連、スポーツ器具、玩具、酒類などにも広がっている。日本でプチ贅沢と呼ばれる領域も、贅沢ブランド以外でのマスティージ普及であるといえよう。プチ贅沢とはちょっとした贅沢である。その領域は食品、洋服・バッグ・靴・ジュエリーなどのファッション、外食、レジャー、美容、趣味カルチャーなどに広がる。

これらの領域で、どのようなものがプチ贅沢の対象になるのか。民間企業が行った調査[*30]によれば、普段より高級品を買うことである。プチ贅沢とは何かを問われた消費者の回答に、「普段より高い物」、「通常より倍以上の価格」、「ワンランク上のサービスや商品」、「家計に響かないけどセレブになった気分に一瞬なる」といった言葉が現れる。具体的内容としてもっとも多いのは、スイーツ、外食、飲酒などの食事であり、続いて娯楽、健康美容、衣服、住居などの項目が並ぶ。

マスティージとプチ贅沢の違い　年齢層にかかわらず、過半の人がプチ贅沢を行うと回答している。プチ贅沢は贅沢民主化に伴う大衆型贅沢である。しかし、プチ贅沢に見られる贅沢パターンは、贅沢ブランドのマスティージとは異なる点がある。贅沢度を見る参照点が異なる。値ブランドのマスティージでは、参照点は伝統的贅沢ブランドであり、いわば上目線である。値下げにより大衆に近づいている。一方、プチ贅沢の参照点は、常日頃から節約指向の下で使っている製品であり、いわば下目線で贅沢を見ている。プチ贅沢は、ヨリ高級な物を普段使っているものの代わりに使うという、トレーディング・アップである。

贅沢度を見る視点の相違によって、贅沢動機も異なり、期待する高級感の内容も異なってくる。プチ贅沢では他者への誇示というより、むしろ贅沢によって生まれる生活美学を、たとえ一時でも楽しもうという面がヨリ強くなる。この傾向の証拠は、プチ贅沢のきっかけとして、ストレス解消、気分転換、衝動的に、家族イベント、自分へのご褒美といった消費者回答が上位を占めることである。

非贅沢ブランド以外でのマスティージは、プチ贅沢で先行的に現れているといえよう。これは今後ますます多くの製品分野に広がる可能性がある。その最大の理由は、この分野の製品単価の低さである。マーケターの観点から見ると、価格プレミアム率を大きくしても、贅沢度について消費者の納得が得られれば、それほど抵抗はない。単価が低いからたとえ贅沢しても、家計を大きく圧迫することはない。しかし、この種の製品では、その市場全体の需要数量は、贅沢ブランドにくらべればはるかに大きい。限界贅沢人がその願望葛藤によりストレスを感じれば感じるほど、プチ贅沢に先行的に現れている傾向は拡大していくであろう。

エピローグ

贅沢世界の将来

▼贅沢ピラミッドの巨大化

将来に向かって、贅沢世界はどのように変化していくのだろうか。古典、近代、現代という三種の法則をふまえて、贅沢世界の将来の発展方向を展望しておこう。三種の法則による重層的発展によって、現在の贅沢世界は次頁の図のような贅沢ピラミッドとして形成されている。将来の発展方向をみると、贅沢ピラミッドはますます巨大化することになるだろう。

贅沢ピラミッドの全体規模は、贅沢市場の大きさによって指標することができる。グローバルに見ると、この市場はすでに日本の小売販売額、約128兆円（2014年）を超える水準にまで達している。しかし、もっと注目すべきことは、この市場の驚異的な成長率である。1990年代の初頭以降から現在にいたるまで、平均年率6％の成長率で拡大している。この成長率が今後も続くとすれば、市場規模は10年後には1・8倍に、そして20年後には3・2倍になる。

この種の市場に直面している高級ブランドなど、贅沢ビジネスの現下の最大の問題は需要不

図　現在の贅沢ピラミッド

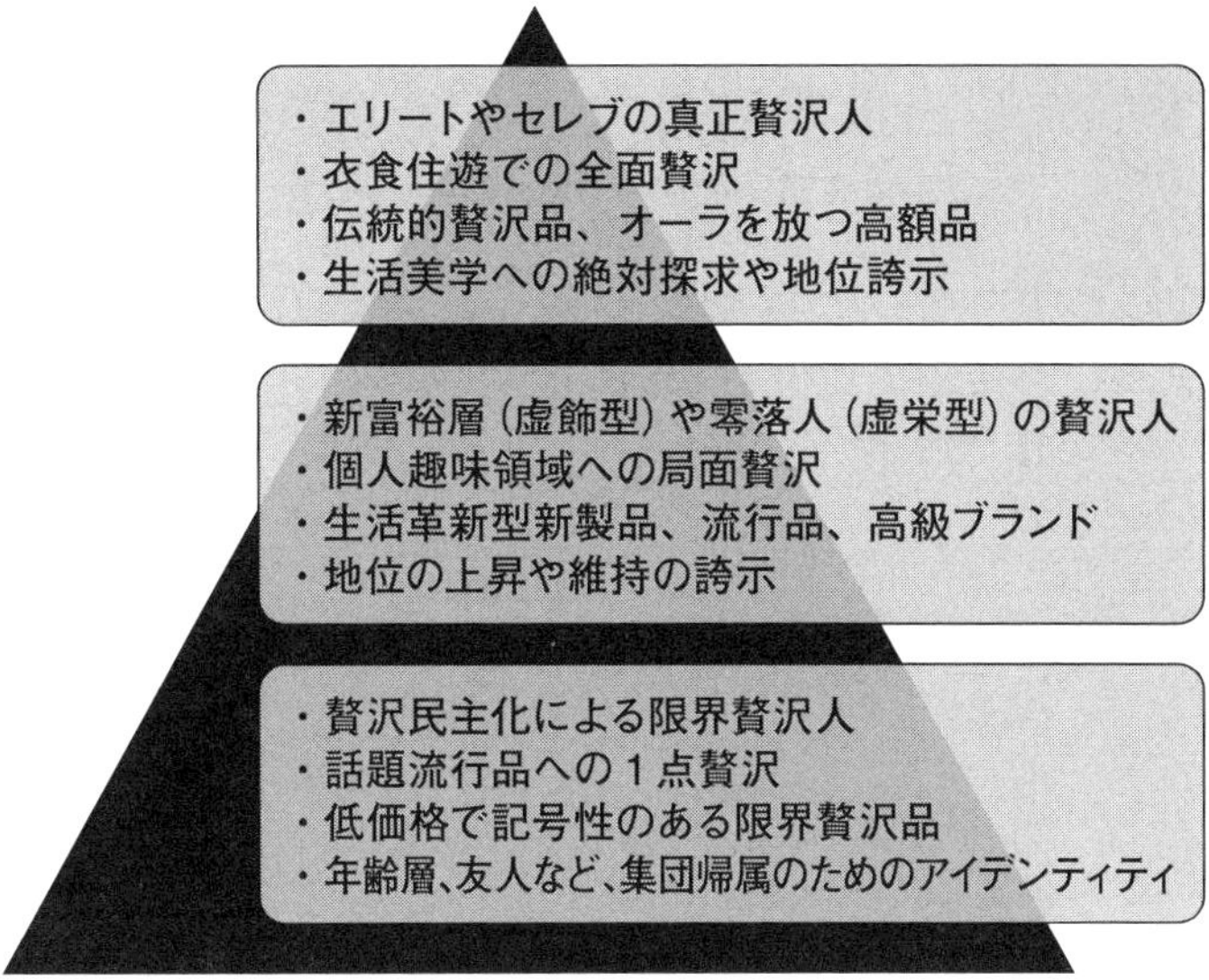

足ではない。かえって、あまりにも旺盛な需要に直面して、その贅沢コンセプトをいかに維持するかにある。平和とグローバル化が維持されるかぎり、将来において贅沢市場の成長率が停滞し減少に転ずることは現在のところ予想できない。贅沢ピラミッドの底辺がさらに拡大し、その頂上がますます高くそびえる。これらを促進する要因の方が目立っている。贅沢ピラミッドの内実に立ち入ってみよう。

▼贅沢ピラミッドの階層

現在の贅沢世界は、贅沢人と

贅沢品のタイプ、また贅沢動機からみると、下層、中層、上層のように層化している。各層の贅沢人数から見ると、上層に向かうにつれてヨリ少数になるから、全体としてみれば、ピラミッドのような形になる。この点では、人間社会を支配してきた社会階層構造と似ている。しかし、贅沢ピラミッドは贅沢パターンに焦点を合わせた階層であるから重要な相違がある。社会階層構造にくらべると、贅沢ピラミッドでの階層区分がはるかに流動的であり、階層間で絶えず溶解を起こしている。現在の世界では、贅沢の輪の回転が速くなっているからだ。

贅沢ピラミッドの階層間では、贅沢人や贅沢品のタイプ、重視される贅沢属性、そして贅沢動機といった点で相互に差異がある。階層を下層、中層、上層に区分して検討してみよう。贅沢ピラミッドの下層では、贅沢人は贅沢民主化による大衆であり、その頭数はきわめて多い。その特徴は贅沢人といっても限界贅沢人であるという点にある。彼らは贅沢人の外縁に位置する。景気動向による所得水準や就業機会のわずかの変化、結婚や子供の誕生・進学などの世帯構造の変化などで、いつ贅沢人であることをやめ、貧乏人の入り口に立ち戻るかもしれない。贅沢人としての地位はきわめて不安定である。

限界贅沢人でも贅沢願望は強い。しかし財力が十分に伴わないから、つねに願望葛藤を感じている。贅沢品に関しては、1点豪華主義でも、かねて願望していたものを獲得できた点で幸せを感じる。それも達成できない時には、中古品やさらには偽ブランドさえ贅沢品への入門ブランドとして使うこともある。彼らにとってマスティージの登場は大歓迎である。これらのブランドのロゴやマークを限界贅沢人は重視する。それによってアイデンティティを確保し、彼らが参加したいと考える職場や仲間の小集団へのパスポートになるかもしれないからである。

贅沢ピラミッドの中層は、贅沢の輪の回転によって生まれる新富裕人や零落人など多様である。しかしこの層の中核は新富裕人である。新興国など経済成長が高まると、自由裁量所得を持つ人の頭数も増える。欧米発展国や日本以外でも、新富裕人が次々に誕生している。とくに中国はこの最大の産出国だ。また、マスコミ、インターネットの普及により、贅沢趣味情報が氾濫すると、新富裕人から贅沢人への移行はますます容易になる。贅沢属性の判断にさいしてブランドだけに依存すれば、それを贅沢属性情報の極度の縮約版として使うことができる。だから新富裕人のブランド指向は強い。

中層の贅沢人には、その財力に応じて、１点豪華主義から局面贅沢へ移行できる人も生まれる。しかし、財力が向上しても、伝統的贅沢品の供給は制限されているから容易に入手できない。そこで彼らは贅沢品コンセプトの拡張を図ることになる。狙う分野は、技術革新型新製品とファッションである。前者は技術革新による機能ベネフィットを、また後者は何よりも新規さという属性を贅沢属性に持ち込む。中層の新富裕人はこれらの新製品やファッションの初期採用者を目指す。しかし、技術革新型の新製品の普及速度は速く、またファッションのライフサイクルは短い。だからこれらによる贅沢は瞬間《つかのま》贅沢にとどまる場合が多い。

新富裕人の贅沢趣味の蓄積は十分でないことが多い。また個人だけでなく、新興国には社会全体からみても、贅沢趣味文化の蓄積が少ない。だから新富裕人にとっては、その財力を誇示するためにも、高額品であることがもっとも重要な贅沢属性になる。この高額品指向がブランド指向と融合して、高級ブランドを買いあさることが彼らの贅沢になる。

贅沢ピラミッドの上層は真性の贅沢人である。彼らは数世代にわたり美術工芸品、不動産、株式など巨額の資産を継承してきた名門家族、高額所得を得ている事業家や専門職業人である。スポーツ、芸能、美術工芸の世界で一流技能を持ついわゆるセレブも、その高額所得によりこの上層にしばしば含まれる。しかし彼らは真性贅沢人というより、むしろきわめて財力のある新富裕人といえよう。彼らがピラミッド上層に含まれるのは、たとえ贅沢趣味を身につけていなくても、スタイリストなどのサポートグループが贅沢人に仕立て上げるからである。

上層贅沢人の頭数は、かつての伝統社会の貴族層と同じように、人口の数パーセントを占めるに過ぎない。彼らの贅沢は衣食住遊にまたがる全面贅沢であるから、一人あたりの贅沢消費額は大きい。だから上層贅沢人の市場はかなりの規模に達する。贅沢ピラミッドの高さは、彼らの贅沢消費によって支えられている。彼らは贅沢コードの詳細を読解できる豊かな贅沢趣味を身につけている。好む贅沢属性は希少性、審美性などである。

▼ますます拡がる贅沢ピラミッドの裾野

贅沢ピラミッドの拡大は、何よりもまずその裾野の拡がりによる。将来において平和とグローバル化が続くかぎり、贅沢ピラミッドの中層から下層にかけての裾野はますます拡がっていくだろう。それを促進する要因は、産業近代化を達成して次々に登場する新興国である。ここでいう新興国とは長い経済停滞を脱して、経済成長への離陸を始めた諸国である。これらの国では贅沢の輪が回り始めて、ますます多くの人が多かれ少なかれ自由裁量所得を持つようになり、贅沢人への入り口に立ち始める。長い間にわたり、かなりの数の贅沢人が住む国は、西欧発展国、米国、日本に限られていたのに、地球上の他の国にも拡散し始めたのである。

21世紀の初頭には、このような新興国としてBRICSが注目された。ブラジル、ロシア、インド、中国である。いずれも広大な国土と巨大人口を擁する。しかし、軍事独裁、官僚的共産主義、宗教的束縛などにより、経済成長への離陸を阻害されていた。それが制度改革や産業近代化の兆しが見え始めたので注目され始めたのである。BRICS以外にも、種々な国が新興国として注目を浴びるようになっている。これらはNIES、NICS、MIT、NEXT11、CIVETSなど種々なグループ名で呼ばれる。これらのグループ名でしばしば重複的にあげられる国がいくつかある。主要な国を挙げると、アジアでは韓国、インドネシア、フィリピン、ベトナムがある。中東ではトルコとエジプト、アフリカのナイジェリア、アメリカ大陸のメキシコなどである。

これらの国での贅沢市場の拡大は、GDPの成長に伴い所得が上昇して、自由裁量所得を持つ人が増え始めたからである。贅沢の必要条件としての財力を持つようになった。また、経済成長への離陸に伴い、都市への人口移動が始まる。新興国の人口年齢構成は若年層が多くなる傾向があるから、都市化の促進の中心は若者労働者である。都市での就業機会を得るため、彼らは学歴だけでなく、社会的に望ましいアイデンティティを必要にするようになった。このために贅沢ブランドが主張しているブランド個性が使われるようになる。財力が乏しい場合には、ロゴやマークの目立つ偽ブランドさえ頻繁に使われる理由はここにある。

贅沢ピラミッドの裾野の拡大で、とくに大きい影響力を発揮するのは中国である。経済改革により高い成長率を維持しているだけではない。もっと重要なのは14億近くまであるその巨大な人口規模である。その規模は日本の約10倍以上、米国の約4倍以上ある。地球上で最大の人口規模の国が長期間にわたり高成長を続けている。このことが贅沢ピラミッドの裾野の拡大に多大な貢献をしている。中国国内だけではない。中国は覇権国家を目指す過程で、未だ発展途上にある諸国に、その経済圏を拡大しようとしている。一帯一路による中近東や東南アジアでの発展途上国への影響や、アフリカ諸国への影響力の拡大である。これらによって、新しい新興国がさらに誕生するかもしれない。

発展途上国への中国の覇権の拡大は、贅沢ピラミッドの裾野を迅速に広げるかもしれない。その理由は中国人に特徴的な贅沢パターンである。彼らの贅沢パターンでは古典法則はほとんど作用していない。中国は長い文明史を持っているが、過去の贅沢趣味文化については、文化大革命により、ほとんど根こそぎに近く破壊してしまった。現在の中国贅沢パターンを支配しているのは、経済発展国で形成された近代法則や現代法則である。その中でもとくに強力に作用しているのは、ブランド指向、ファッション指向、高額品指向などである。これらの指向は単純明快であり、異文化伝達におけるビジン語と同じように機能するから、贅沢趣味文化の文化的蓄積がほとんどない発展途上国でもきわめて吸収しやすいだろう。

▼ますます高くなる贅沢ピラミッド

贅沢ピラミッドの裾野で、ブランド化、ファッション化、高額品指向が強まり、またマスティージなどが氾濫し始めると、贅沢のコンセプトがますますファジイになる。このような傾向が進めば進むほど、贅沢ピラミッドの上層でそれまで排他的に楽しんできた贅沢基盤の一部が、侵食され始めることになる。もはやブランド、ファッション、あるいはブランドのロゴやマークなどだけでは、上層を示す記号ではなくなる。そうなると、上層の贅沢人はそれらに特異な反応を示すようになる。中下層で普及し始めると、上層の贅沢人はその領域から撤退し始めるだろう。彼らの誇りは財力と贅沢趣味における優越感にあるからだ。

ピラミッド上層の贅沢人はどこに向かうだろうか。その基本的方向は贅沢の歴史への回帰である。彼らは古典法則が支配する贅沢世界に立ち戻ろうとしている。彼らはブランド名やそのロゴを、それらだけでは贅沢コードとして認めない。[*1] ブランドを購買するにしても、審美性、希少性、記号性、卓越品質、高価格など、その贅沢属性を支える贅沢コードの詳細を吟味した上である。むしろ上層贅沢人は世に普及したブランドよりも、真に贅沢属性を備え、彼らの磨き抜かれた趣味・嗜好に合う贅沢品を選ぼうとするだろう。

それらの多くは知る人ぞ知る贅沢品である。真性の贅沢人として、贅沢コードの詳細を識別できる贅沢趣味文化を持ち合わせており、またこれこそ彼らを贅沢ピラミッドの他の贅沢人から差異化できる基盤だからである。日本での具体例をいえば、生活用品ではNHKがシリーズで放映し、またシリーズ本で出版している「美の壺」を彩る贅沢品の世界を愛する。洋服や和服などは、高級専門店で布地、反物を選び腕のよい職人に仕立てさせる。鮎を食べる際には、子鮎の笹無し、自然姿のままに背越し調理した刺身などを注文するといったこだわりがある。真性贅沢人は、彼らの趣味を映じる生活美学を目指し、とくに美的感覚に優れ、審美性を持つ贅沢品を好む傾向がある。

審美性に優れた贅沢品には、ファッションのように短命でないものも多い。長期間使用しても輝きを失わない陶器、かえってエイジングによる風合いの変化自体を楽しめるものも多くある。草木染めの呉服、紫檀やケヤキで作った家具、高級文房具、銀器食器などである。これらの製品には複製技術の産物には見られない、作り手の職人や匠のオーラがある。また、審美性を追究するために、あえて機能性を無視する場合もある。文字盤数字が12、3、6、9しかないエルメスの高級時計、運転が難しいといわれるフェラーリなどがその例である。さらに遊び心もある。かつてアップルを追われたスティーブ・ジョブズが手がけた数百万円もした小型ネクストステーションには、コンピュータ先端技術を装備しただけでなく、シェークスピア作品集がバンドルされていた。

審美性に優れた贅沢品は、生活美学の極地を目指している。それはしばしば芸術品との区別さえつかないことがある。それは長い文化的伝統を背景に、稀少素材と匠の伝統的ノウハウ、想像力が作り上げたものである。各作品はそれぞれ個性的であるから、他を持って代え難い。機能的には同種の製品と比較することさえできない。このため、このような贅沢品は高い稀少性を持つことになる。卓越した審美性と稀少性により、その価格はきわめて高額になる。贅沢ピラミッドをヨリ高くするのは、このような高額品を買い求める上層贅沢人の需要である。

将来において贅沢ピラミッドをヨリ高くするものには、さらに「食」や「遊」の世界での贅沢がある。グルメや豪華観光旅行などである。「衣」や「住」といった分野では、贅沢品は資産であり、長期間にわたり使用することができる。数百万円のケリーバッグを買っても、1年間使うとすれば1日のコストは1万円前後である。しかし、グルメや観光旅行の贅沢には資産価値はない。楽しんでしまえばそれで終わりである。その快楽時間あたりのコストは、「衣」や「住」の贅沢よりもはるかに高くつく。「食」や「遊」での贅沢は、果てしない高みを目指して上昇している。

▼ますますファジイ化する贅沢世界

贅沢ピラミッドの裾野がヨリ広くなり、またその頂上がヨリ高くなる一方で、全体としての贅沢世界の内実はますますファジイ化していくだろう。ヨリ激しいダイナミクスが生まれるからである。その中核は、贅沢ピラミッドの中層での贅沢流の渦巻きである。中層は経済発展に伴う贅沢流の分岐点である。そこから下層への流れと上流への流れが分岐する。これらの相反する方向への流れが渦巻きを創り出し、短期的にみると全体としての贅沢をますますファジイにするだろう。相反流には以下のようなものがある。

排他性と民主化　まず、だれが贅沢するのかに関わる相反流がある。それは排他性と民主化の対立である。排他性は贅沢を富裕者層やセレブなど、特定人にとどめようとする流れであり、民主化は贅沢を逆に大衆にまで広く普及しようとする流れである。贅沢は特定人だけが楽しむ生活美学であるのか、あるいは大衆もその実現を目指す消費ユートピアなのか。これらの相反流はそれぞれ、贅沢ピラミッドをヨリ高く、またヨリ広い底辺へと拡大する。

それとともに、相反流はトリクルダウンやボトムアップといった贅沢普及過程で止揚されることもある。止揚とは対立物それぞれのいくつかの側面をとり出し、それらを新しいものへと融合・総合化することである。たとえば、マスティージは贅沢ブランドの著名なブランド名やロゴなどを、大衆も購入できる価格と融合・総合化している。相反流の対立の激化は、マスティージ以外にも、止揚によって新しい贅沢フォーマットを生み出すかもしれない。将来方向を見定めるには、相反方向だけでなく、贅沢の普及過程とそこでの相反流の融合・総合化のかたちを注視し続ける必要があろう。

オーラと複製技術　何が贅沢品か、その贅沢属性を決める相反流もある。匠の技が作り出す美術工芸的価値を持ち、オーラを放っていなければ贅沢品ではないのか。それとも複製生産技術の産物で多く複製されても、機能性の点で卓越品質を持てば贅沢品になるのか。オーラと複製技術の稀少性をめぐる相反流である。オーラの追求は贅沢の排他性と呼応し、複製技術は民主化に呼応している。

この相反流についても止揚の動きは、高級な贅沢ブランドで今までもあった。そのためにとられた戦略は、ドンペリやカルチェなどのようにブランドの創造神話を強調する、ロールスロイス、ニナリッチ、パティック・フィリッペの時計のように手作り部分を含める、あるいはフェラーリやエルメスなどのように限定生産や流通制限によって稀少性を演出するなどである。将来についても、オーラと複製技術の止揚による融合・総合化が多様なフォーマットで試みられるだろう。

贅沢コードとブランド　何が贅沢なのかの識別情報についても相反流がある。一方で、贅沢識別には贅沢属性の縮約版としてのブランド名やロゴだけを知ってさえいればよい。他方で、贅沢趣味の理解には、ますます複雑になる贅沢コードを解読できるヨリ深い文化・教養知識を要するようになる贅沢が現れる。ブランド化にさいして、前者では有標化の促進による知名度向上を目指し、後者はブランドイメージを支える製品属性の進化を目指すだろう。とくに高級贅沢ブランドにとっては、この相反流の止揚は最大のマーケティング課題になる。

伝統価値とファッション　贅沢属性の相反流の中には、止揚が難しいものもある。そのひとつは久遠の美的価値とファッションの相反流である。伝統的贅沢品には、その審美性によって時間がたつほど骨董価値を高めるものがある。美術工芸品、呉服、宝石・貴金属・装飾品、家具、クラシック・カーにはこの種のものがある。贅沢もファッションもともに、他者から個人を差異化するのに使われるが、相反的な流れである。

ファッションは歴史や伝統的価値を否定して、もっぱら新規性を強調する。そのため短命でもある。近代以前でファッションは上流階層の占有物であった。たとえば、まだ着れる衣服を捨て、新しいファッションに取り替えることができたのは上流階層だけであった。しかし現代ではファッションは大衆化し、贅沢民主化の主要な手段である。将来に贅沢ピラミッドの裾野がさらに拡大するにつれて、伝統的贅沢品とファッションの対立はますます激しくなっていくだろう。

威光価格と大衆価格　贅沢品の価格水準についての相反流は価格という単次元の流れであるから止揚は難しい。伝統的贅沢品や高級贅沢品は、その地位を維持するため持続的に価格を引き上げて威光（プレスティッジ）価格を維持していくだろう。他方で、贅沢民主化によってますます拡大する巨大市場を捉えるために、ヨリ低価格の贅沢品が様々なフォーマットをとって市場に現れてくることもたしかである。価格水準をめぐるこれらの相反流は、贅沢市場のグローバル化に伴い、ますます激化する。

以上のような相反流が生み出す渦巻きにより、短期的に見れば将来の贅沢世界はますますファジイになる。このファジイさがダイナミクスの投影であるかぎり、将来予見に必要なことはファジイさに惑わされることなく、その根底にある贅沢の法則の働きを見つめ続けることである。それにより、渦巻きから生まれ出る新しい流れを感知しなければならない。

はしがき・注

＊１ Bain & Company (2015), *Luxury Goods Worldwide Market Study*, Bain & Company.

第1章・注

＊１ ウェーバー・Ｍ、阿閉吉男・内藤莞爾訳（１９８７：原著１９２１－22）、「社会学の基礎概念」恒星社厚生閣。

＊２ *Best Coco Chamel Quates*, http://www.vogue.co.uk/gallery/coco-chanel-quotes-and-photos.

＊３ 河上 肇（１９７８：原著１９１６）、「貧乏物語」、岩波文庫。

＊４ Bain & Company(2015), op. cit.

＊５ より詳細なファジイ集合の議論は、田村正紀、「経営事例の質的比較分析」、白桃書房、参照。

＊６ Heine, K.(2011), *The Concept of Luxury Brands*, www.conceptofluxurybrands.com

＊７ Kapferer,J.N. & Bastien,V.(2009), *The Luxury Strategy : Break the Rules of Marketing to build Luxury Brands*, 2nd Edition, KoganPage.

＊８ 家族類似性の概念は、ウィットゲンシュタイン・Ｌ（２０１０：原著１９５８）、「青色本」、ちくま学芸文庫による。

＊９ Goertz, G.(2006), *Social Science Concepts: A User's Guide*, Princeton University Press.

＊10 ウィットゲンシュタイン・Ｌ、大森荘蔵訳（２０１０）、前掲書。

＊11 スミス・Ａ、（２００７：原著１７７６）、「国富論：国の豊かさの本質と原因についての研究上・下巻」、日本経済新聞出版社、下巻４６２頁。

＊12　マルクス・K、エンゲルス・F（2005：原著1845－46）、廣松渉訳・小林昌人補訳、「新編輯版ドイツ・イデオロギー」、ワイド版岩波文庫。
＊13　河上　肇、前掲書。
＊14　エンゲルス・F、全集刊行委員会訳（1971：原著1845）、「イギリスにおける労働者階級の状態」、国民文庫。
＊15　詳細は、田村正紀、「消費者の歴史」、千倉書房、2011年。
＊16　ヘーゲル・G・W・F、藤野　渉・赤沢正敏訳（2001：原著1833）、「法の哲学　Ⅱ」、中公クラシックス、107頁以下。
＊17　スミス・A、（2007）、前掲書。
＊18　Berry,C.F.(1994), *The Idea of Luxury: A Conceptual and Historical Investigations*, Cambridge University Press.
＊19　ブローデル・F、村上光彦訳、（1985：原著1979）「物質文明・経済・資本主義：15－18世紀」、みすず書房。
＊20　廣川洋一（1997）、「ソクラテス以前の哲学者」、講談社学術文庫、244頁。
＊21　市古貞次校注（1991：原著1212）、「方丈記」、ワイド版岩波文庫。
＊22　マルクス・K、エンゲルス・F（2005）、前掲書。
＊23　ロストウ・W・W、木村健康、久保まち子、村上泰亮訳（1961：原著1960）、「経済成長の諸段階―一つの非共産主義宣言」、ダイヤモンド社。

第2章・注

＊1　Levy,S.J. & Czepiel,J.(1999), " Marketing and Aesthetics" in D.W.Rock ed., *Brands, Consumers, Symbols and Research: Sidney J. Levy on Marketing*, Sage Publications.
＊2　カイヨワ・R、多田道太郎・塚崎幹夫訳（１９９０：原著１９５８）、「遊びと人間」、講談社学術文庫。
＊3　ウィリアムズ・R・H、吉田典子・田村真理訳（１９９６：原著１９８２）、「夢の消費革命」、工作舎、第四章。
＊4　バーク・E（１９９９：原著１７５７）、「崇高と美の観念の起源」、みすず書房。
＊5　坪内逍遥（２００６：原著１８８５）、「当世書生気質」、岩波文庫、41頁。
＊6　ジンメル・G、居安正訳（１９９９：原著１９００）、「貨幣の哲学」、白水社。
＊7　ヒューギーヌス・G・I、松田　治・青山昭夫訳（２００５）、「ギリシャ神話集」、講談社学術文庫。
＊8　モリエール、鈴木力衛訳（１９７３：原著１６６８）、「守銭奴」、岩波文庫。
＊9　カーライル・T（１９４６：原著１８３８）、石田憲次訳、「衣装哲学」、岩波文庫、75頁。
＊10　石川　徹校注（１９８９：原著11世紀後半）、「大鏡」、新潮社。
＊11　原純輔・佐藤嘉倫・大渕憲一（２００８）、「社会成層と不平等」、放送大学教育振興会。
＊12　リコッティ・E・S・P（１９９１：原著１９８３）、武谷なおみ訳、「古代ローマの饗宴」、平凡社。
＊13　ペトロニウス（１９９１：原著62）、「サチュリコン」、岩波文庫。
＊14　原純輔・佐藤嘉倫・大渕憲一（２００８）、前掲書。
＊15　ゲラン・D、江口　幹訳（１９６７：原著１９６５）、「現代のアナキズム」、三一書房。

＊16　サーリンズ・M、山内昶訳（１９８４：原著１９７２）、「石器時代の経済学」、法政大学出版局。
＊17　バタイユ・G、生田耕作訳（１９７３：原著１９４９）、「呪われた部分」、二見書房。
＊18　ウォーラースティン・I、山下範久訳（２００６：原著２００４）、「入門・世界システム分析」、藤原書店。川北　稔編（２００１）、「知の教科書　ウォーラースティン」、講談社選書メチエ。
＊19　Levius,T.（２００６：原著紀元前17年頃）, *The History of Rome*, Project Gutenberg.
＊20　エリアス・N、波田節夫、中埜芳之、吉田正勝訳（１９８１：原著１９６９）、「宮廷社会」、法政大学出版局。
＊21　ブルデュー・P、石井洋二郎訳（１９９０：原著１９７９）、「ディスタンクシオンI」、藤原書店。
＊22　オウィディウス、沓掛良彦訳（２００８：原著紀元前１―紀元2世紀頃）、「恋愛指南」、岩波文庫。
＊23　Berry, C.F. (1994), *op.cit.*
＊24　聖アウグスティヌス、服部英次郎訳（２００６：原著は４００頃）、「告白（下）」、ワイド版岩波文庫、55頁。
＊25　兼好、西尾　実・安良岡康作校注（１９９１：原著１３３６頃）、「徒然草」ワイド版岩波文庫。
＊26　タキトゥス・C、国原吉之助訳（１９９６：原著98）、「ゲルマニア　アグリコア」、ちくま学芸文庫。
＊27　セネカ、大西英文訳（２０１２）、「生の短さについて　他二編」、ワイド版岩波文庫に所収。
＊28　孔子、金谷　治訳注（２００１）、「論語」、ワイド版岩波文庫、53、75、１３６、１４９頁。
＊29　蜂屋邦夫訳注（２０１２）、「老子」、ワイド版岩波文庫、85、１３６頁。
＊30　詳細は田村正紀（２０１１）、「消費者の歴史」、千倉書房を参照。
＊31　*Seven deadly sins: History*, www.deadlysins.com/histiry/
＊32　ゾンバルト・W、金森誠也訳（１９８７：原著１９２２）、「恋愛と贅沢と資本主義」、論創社。

＊33　パッカード・V、南　博訳（1961：原著1960）、「浪費を作り出す人々」、ダイヤモンド社。

＊34　ボードリヤール・J、今村仁司、塚原　史訳（1979：原著1970）、「消費社会の神話と構造」、紀伊國屋書店。

＊35　中野孝次（1992）、「清貧の思想」、草思社。

＊36　プルタルコス、村川堅太郎訳（1996：原著1世紀－2世紀）、「プルタルコス英雄伝（中）」、ちくま学芸文庫。

＊37　Berry,C.F.(1994) *op.cit.*

＊38　*Ibid.*

＊39　田村正紀（2011）、前掲書。

第3章・注

＊1　たとえば、ロストウ・W・W、木村健康他訳（1961：原著1960）、「経済成長の初段階―一つの非共産主義宣言」、ダイヤモンド社。

＊2　この点についての歴史記述は、ゾンバルト・W、金森誠也訳（2016：原著1913）、「ブルジョア：近代経済人の精神史」、講談社学術文庫や、ブローデル・F、村上光彦訳（1985：原著1979）、「物質文明・経済・資本主義」、みすず書房に詳しい。

＊3　ウェーバー・M、中山　元訳（2010：原著1904－05）、「プロテスタンティズムの倫理と資本主義の精神」、日経BP。

＊4　アリストテレス、戸塚七郎訳（1992：原著は1959）、「弁論術」、岩波文庫、234－235頁。

＊5　樋口一葉、高橋和彦訳（1993）、「樋口一葉日記」、アドレエー、357頁。
＊6　商品の具体的詳細は、田村正紀（2011）、「消費者の歴史」、千倉書房、148頁。
＊7　ロストウ・W・W、木村健康他訳（1961：原著1960）、前掲書。
＊8　ゾンバルト・W、金森誠也訳（2016）、前掲書やF・ブローデル、村上光彦訳（1985）、前掲書。
＊9　ウェーバー・M、中山　元訳（2010）、前掲書。
＊10　ゾンバルト・W、金森誠也訳（2016）、前掲書、164頁。
＊11　アルベルティ・L・B、池上俊一・徳橋　曜訳（2010：原著1443）、「家族論」、講談社、394頁。
＊12　井原西鶴、堀切　実訳注（2009：原著1688）、「日本永代蔵」、角川ソフィア文庫。
＊13　横山源之助（2013：原著1910）、「明治富豪史」、ちくま学芸文庫。
＊14　Williams,R.(1976), *Keywords: A Vocabulary of Culture and Society*, Fontana.
＊15　マンデヴィル・B、泉谷　治訳（1985：原著1714）、「蜂の寓話：私悪すなわち公益」、法政大学出版局。
＊16　ヒューム・D、田中敏文訳（2011：原著1779）、「技芸における洗練について」、「商業について」、D・ヒューム、田中敏文訳、「道徳・政治・文学論集」、名古屋大学出版会に所収。
＊17　スミス・A、山岡洋一訳（2007）、「国富論」、日本経済新聞出版社、下－31頁。
＊18　スミス・A、水田　洋訳（2005：原著1895）、「法学講義」、岩波文庫、268頁。
＊19　ソロー・H・D、今泉吉晴訳（2004：原著1854）、「ウォールデン　森の生活」、小学館。
＊20　シャイ・D・E、小池和子訳（1987：原著1985））、「シンプルライフ―もう一つのアメリカ精神史―」、勁草書房。

＊21　ウェブレン・S、村井章子訳（２０１６：原著１８９９）、「有閑階級の理論：新版」、ちくま学芸文庫）。

＊22　Leibennstein,H.(1950), "Bandwagon, Snob, and Veblen Effects in the Theory of Consumers' Demand", *Quartely Journal of Economics*, Vol.64, No.2.

＊23　ウェブレン・S、村井章子訳（２０１６：原著１８９９）、前掲書、１６０頁以下参照。

＊24　ベンヤミン・W、野村　修（１９９４）、「複製技術の時代における芸術作品」、ボードレール他五編、ベンヤミンの仕事2、所収、岩波文庫。

＊25　McKendrick,N.(1982),"Commercialization and the Economy", in McKendrick.N., Brewer,J., & Plumb, J.H. eds., *The Birth of a Consumer Society: The Commercialization of Eighteenth-Century England*, Indiana Univercity Press, 1982.

＊26　主要な反論については、ハドソン・P、大倉正雄訳（１９９９：原著１９９２）、「産業革命」、未来社、第６章参照。

＊27　Berg,M.(2005), *Luxury & Pleasure in Eighteen-Century Britain*, Oxford University Press.

＊28　この種の生活文化の具体像については、サッカレー・W・M、斉藤美洲訳（１９６１：原著１８４６）、「いぎりす俗物誌」、世界文学大系、サッカレー・ハーディ所収、筑摩書房の第18－20章のパーティ俗物、続パーティ俗物、お呼ばれ俗物などを参照。

＊29　この点の詳細は、田村正紀（２０１１）、「消費者の歴史」、千倉書房、参照。

＊30　ベンヤミン・W、今村仁司ほか訳（１９９３：原著は１９８３）、「パサージュ論Ⅰ：パリの原風景」、所収、岩波書店、14、65、82頁。

＊31　同書、22頁。

＊32　Blumer,H. (1969),"Fashion: From Class Differentiation to Collective Selection", *Sociological*

Quarterly, Vol.10:275-91.
＊33 Simmel, G. (1957: 原著は１９０４), "Fashion", *American Journal of Sociology*, Vol.62. 541-58.
＊34 ベンヤミン・W、今村仁司ほか訳（１９９３）、前掲書、１２８頁。
＊35 京都の貴族、飛鳥井雅有の「春の深山路」などは、それを記した日記である（田村正紀（２０１３）、「旅の根源史」、千倉書房、62頁以下。
＊36 正親町町子、増淵勝一訳（１９９９）、「柳沢吉保側室の日記－松陰日記」、国研出版。
＊37 ゾンバルト・W、金森誠也訳（１９８７：原著１９１２）、「贅沢と恋愛と資本主義」、論創社、１０８頁。
＊38 同書、第一章。
＊39 同書。
＊40 ベンヤミン・W、今村仁司ほか訳（１９９３）、前掲書、１４１頁。
＊41 井原西鶴、輝峻康隆訳、（１９９２：原著は１９６２）「世間胸算用」、小学館ライブラリー、19頁。
＊42 スパング・R・L、小林正巳訳（２００１）、「レストランの誕生－パリと現代のグルメ文化」、青土社。
＊43 ベンヤミン・W、今村仁司ほか訳（１９９３）、前掲書。
＊44 同書、１１１頁。
＊45 ゾラ・E、伊藤桂子訳（２００２：原著は１８８３）、「ボヌール・デ・ダム百貨店」、論創社。
＊46 神野由紀（１９９４）、「趣味の誕生：百貨店がつくったテイスト」、勁草書房。

第4章・注

*1 Goodwin, N.R. et al., eds.（1997）, *The Consumer Society*, Island Press; M.J.Lee ed.（2000）, *The Consumer Sosiety Reader*, Blackwell.

*2 厚生労働省、「毎月勤労統計調査」。

*3 OECD 統計による。www2.ttcn.ne.jp/honkawa/3100.html

*4 たとえばカトーナ・G（１９６６：原著は１９６４）、「大衆消費社会」、ダイヤモンド社。

*5 谷沢弘毅、「高額所得者の分布に関する戦前・戦後比較」、日本経済研究、Ｎｏ．23、１９９２．7。

*6 厚生労働省　国民生活基礎調査、２０１３年。

*7 野村総合研究所、ＮＥＷＳ　ＲＥＬＥＡＳＥ、２０１７・６・21。

*8 BernsteinResearch（n.d.）, "A New Wave of Luxury Democratization", in *European luxury goods: Long-term attractiveness & structural demand driver*, Bernstein Research,

*9 内閣府、「国民生活に関する世論調査」。

*10 田村正紀、ファースト・ヤング研究会（１９９０）、「ヤング・スクリーム―若者消費のキーワードを読む」、ＰＨＰ研究所。

*11 田村正紀（２０１１）、「消費者の歴史：江戸から現代まで」、千倉書房。

*12 http://www.news-postseven.com/archives/20110409_17067.html

*13 cf. Dubois, B. & C. Paternault（1995）, " Observations: Understanding the World of International Luxury Brands: The "Dream Formula", *Journal of Advertising Research*, 35（4）, 69-76.

*14 Ipos, "World Luxury Trucking Survey", 2009/10", Kapherer, JN. & V. Bastien（2012）, *The Luxury*

Strategy, Koganpage での引用による。
＊15 Batos, W. & Levy, S.J. (2012)," A History of the Concept of Branding: Practice and Theory", *Journal of Historical Research in Marketing*, 4 (3), 347-368.
＊16 Gardner, B.B. & Levy, S.J. (1955)," The Product and the Brand", *Harvard Business Review*, March-April, 33-9.
＊17 国勢調査および厚生労働省、「被保護者調査」（前社会福祉行政業務報告）による。
＊18 「国勢調査」、厚生労働省、「人口動態統計」、みずほ情報総研作成資料。
＊19 ロジャース・L、三藤利雄訳（２００７：原著は１９９５）、「イノベーションの普及」、翔泳社。
＊20 「戦後昭和史−テレビの小売価格の推移」、shouwashi.com/transition-tv.html
＊21 週刊朝日編（１９８８）、「値段史年表　明治・大正・昭和」、朝日新聞社。
＊22 デューゼンベリー・J、大熊一郎訳（１９５５：原著１９４９）、「所得・貯蓄・消費者行為の理論」、巌松堂。
＊23 リースマン・D、加藤秀俊訳（１９６８：原著は１９６４）、「何のための豊かさ」、みすず書房。
＊24 Schrage, D. (2012)," The Domestication of Luxury in Social Theory", *Social Change Review*, 10 (2), 177-193.
＊25 Socolich, S. (1978), *Bargain Hunting in the Bay Area*, Wingbow Press.
＊26 日経ＭＪ１９８８（１９８７）、日本経済新聞社；日経ＭＪ「日経ＭＪトレンド情報源２０１７」（２０１６）、日本経済新聞出版社。
＊27 Wilcox, H., Kim, H.M., & Sen, S. (2009), " Why do Consumers Buy Counterfeit Luxury", *Journal of Marketing Research*, Vol.46, April 247-259.
＊28 Silverstein, M.J. & N.Fiske (2003)," Luxury for the Mass", *Harvard Business Review*, 81 (4), pp.48-

57.

＊29 Truong, Y., McColl,R., & Kitchen,P.J. (2009), "New Luxury Brand Positioning: The Emergence of Masstige Brands", *Journal of Brand Management*, 16 (5), 375-382.

＊30 日清オイリオグループ株式会社生活科学研究室（２０１１）、「男女年代別に見たプチ贅沢の特徴」、日清オイリオ生活科学情報、Ｎｏ．17。

エピローグ・注

＊1 Kapferer JN. (2015), *Kapferer on Luxury: How Luxury Brands Can Grow Yet Remain Rare*, KoganPage.

【著者紹介】

田村正紀（たむら　まさのり）

現　　職　神戸大学名誉教授，商学博士

専　　攻　マーケティング・流通システム

主要著書　『マーケティング行動体系論』千倉書房，1971年，『消費者行動分析』白桃書房，1972年，『小売市場構造と価格行動』千倉書房，1975年，『現代の流通システムと消費者行動』日本経済新聞社，1976年，『大型店問題』千倉書房，1981年，『流通産業:大転換の時代』日本経済新聞社，1982年，『日本型流通システム』千倉書房，1986年（日経・経済図書文化賞受賞），『現代の市場戦略』日本経済新聞社，1989年，『マーケティング力』千倉書房，1996年，『マーケティングの知識』日本経済新聞社，1998年，『機動営業力』日本経済新聞社，1999年，『流通原理』千倉書房，2001年（中国語訳，China Machine Press, 2007年，朝鮮語訳，Hyung Seul Publishing Co.,2008年），『先端流通産業:日本と世界』千倉書房，2004年，『リサーチ・デザイン：経営知識創造の基本技術』白桃書房，2006年，『バリュー消費：「欲張りな消費集団」の行動原理』日本経済新聞社，2006年，『立地創造：イノベータ行動と商業中心地の興亡』白桃書房，2008年，『業態の盛衰：現代流通の激流』千倉書房，2008年，『消費者の歴史―江戸から現代まで』千倉書房，2011年，『ブランドの誕生―地域ブランド化実現への道筋』千倉書房，2011年，『観光地のアメニティ』白桃書房，2012年（編著），『旅の根源史：映し出される人間欲望の変遷』千倉書房，2013年，『セブン-イレブンの足跡：持続成長メカニズムを探る』千倉書房，2014年，『経営事例の質的比較分析』白桃書房，2015年，『経営事例の物語分析：企業盛衰のダイナミクスをつかむ』白桃書房，2016年

■ 贅沢《ぜいたく》の法則《ほうそく》
——消費《しょうひ》ユートピアの透視図《とうしず》——

■ 発行日——2017年11月6日　初版発行　〈検印省略〉

■ 著　者——田《た》村《むら》正《まさ》紀《のり》
■ 発行者——大矢栄一郎
■ 発行所——株式会社 白桃書房《はくとうしょぼう》
〒101-0021　東京都千代田区外神田5-1-15
☎03-3836-4781　FAX 03-3836-9370　振替 00100-4-20192
http://www.hakutou.co.jp/

■ 印刷・製本——三和印刷
ISBN978-4-561-62225-3　C3034